文史哲學集成

王國良著

顏之推冤魂志研究

文史哲出版社印行

國立中央圖書館出版品預行編目資料

顏之推冤魂志研究 / 王國良著. -- 初版. -- 臺北市: 文史哲, 民84
面 ; 公分. -- (文史哲學集成 ; 283)
參考書目:面
ISBN 957-547-956-4(平裝)

1. (南北朝) 顏之推 - 學術思想 - 哲學

123.77 84005761

(283) 文史哲學集成

顏之推冤魂志研究

著者：王國良
出版者：文史哲出版社
登記證字號：行政院新聞局局版臺業字五三三七號
發行人：彭正雄
發行所：文史哲出版社
印刷者：文史哲出版社
台北市羅斯福路一段七十二巷四號
郵撥〇五一二八八一二彭正雄帳戶
電話：三五一一〇二八

實價新台幣二四〇元

中華民國八十四年六月初版

ISBN 957-547-956-4

顏之推冤魂志研究 目次

上編 綜合探討

壹、諸 言

中國人報應的觀念起源甚早。在先秦兩漢的載籍，如《周易》、《尚書》、《墨子》、《韓非子》、《新語》、《淮南子》、《史記》、《漢書》①……等，有關善惡報應的說法，屢見不鮮，足見其時善惡報應的思想與習俗已經相當流行。魏晉以降佛教因果輪迴②之說傳入，再加上道教功過承負③理論的推波助瀾，迅速擴展了國人的報應觀念，並且應用到道德生活各方面，影響頗爲深遠。

兩晉以來，不少信佛人士，諸如謝慶緒、朱君台、劉義慶、傅亮、張演、王延秀、陸杲、王琰、王曼穎、侯白之屬，並皆撰作筆記雜傳，編成釋氏輔教的專書④，可謂琳瑯滿目。隋朝初年，顏之推以一位崇佛的儒者之身分，從歷代經傳子史搜錄有關鬼魂報冤故事編成《冤魂志》，藉以闡明因果報應之理，做爲勸戒世人的通俗讀物，眞是用心良苦。唯自宋代以後此書逐漸堙沈，後世所刻印，率非原來面目，內容遺漏尤多，亟需重加輯錄，並且深入研討。

茲編乃綜合時賢鑽研所得，參以己見私說，將《冤魂志》的著者、成書年代、版本、遺文、資料來源、內容、價值、影響等相關問題，做一次綜合性的考述辨析，並附上原文的輯錄校釋。希望藉由此項工作，對《冤魂志》能夠獲得比較全面的理解和客觀的評價。

貳、撰者生平與著述

《冤魂志》一書，從宋代以下，書名迭有更易，內容也難免有刪落不全的現象（說詳後文第三章），但撰者則始終題爲「顏之推」，毫無異議。

顏之推，字介，瑯玡臨沂（今山東臨沂）人。西晉永嘉中，九世祖顏含跟從元帝渡江，官至侍中、右光祿大夫。父協，博涉群書，工於草隸，梁湘東王蕭繹鎭荆州，引爲記室，以才學見重。顏氏世善《周官》、《左氏傳》。

梁武帝中大通三年（西元五三一年），之推生於江陵（今湖北江陵）。少傳家業，博覽群書，無不該遍。詞情典麗，甚爲西府所稱。太淸三年（五四九年），湘東王以之推爲國右常侍，加鎭西墨曹參軍。

簡文帝大寶元年（五五〇年），湘東王遣世子中撫軍將軍方諸出鎭郢州（今湖北武昌），派之推爲中撫軍外兵參軍，掌管記。次年，侯景陷郢州，之推被囚送建康。翌年，侯景平，湘東王即帝位，之推還江陵。元帝命爲騎侍郎，奏舍人事。承聖三年（五五四年），元帝爲北周軍隊所破，之推被繫俘，周大將軍李穆重之，薦往弘農（今河南靈寶），令掌其兄陽平公李遠書翰。

梁敬帝太平元年（五五六年），値黃河水暴漲，之推具船將妻子奔齊。文宣帝高洋見而悅之，即除奉朝請，引於內館中，侍從左右，頗被顧眄。武成帝河淸四年（五六五年）前後，被擧爲趙州功曹參軍。後主即位初，追還，待詔文林館，除司徒錄事參軍。之推博識有才辯，工尺牘，應對閑明，大爲祖珽所重，令掌知館事，判署文書。尋遷通直散騎常侍，俄領中書舍人。之推兼善於文字，監校繕寫，處事勤敏，號爲稱職。尋除黃門侍郎。

齊後主隆化元年（五六七年），周武帝伐齊，取晉州（今山西臨汾），後主棄軍還晉陽（今山西太平），又輕騎還鄴。之推因宦者侍中鄧長顒進奔陳之策，帝雖不能從，猶以爲平原（郡治在今山東聊城）太守，令守河津。

周武帝平齊，之推與陽休之、李德林、薛道衡等十八人，同徵，隨駕赴長安。靜帝大象二年（五八〇年），之推爲御史上士。次年，楊堅廢靜帝而自立，是爲隋文帝。文帝開皇中，太子楊勇召之推爲東宮學士。其間曾受敕與魏澹、辛德源更撰《魏書》，矯正魏收之失，合紀、傳、論、例，總共九十二篇。開皇末，以疾終，年六十餘⑤。

之推所撰有：《急救章注》一卷、《證俗音》五卷、《訓俗文字略》一卷、《筆墨法》一卷、《家訓》七卷、《冤魂志》三卷、《集靈記》二十卷、文集三十、《稽聖賦》三卷。⑥今所存者《家訓》一書；此外，《證俗音》、《冤魂志》（《還冤記》）、《集靈記》及文集有輯本⑦。

參、《冤魂志》之完成與流傳

《冤魂志》的寫作動機何在？它完成於何時？後世流傳的狀況到底如何？這些看似單純的問題，仔細推敲，方覺困難重重，今當分別探討。

一、寫作動機與成書年代

由正史本傳，我們看不出顏之推的宗教信仰，也找不到任何撰寫《冤魂志》的相關叙述；再者此書今無足本傳世，序文也未見引錄，故而吾人既不知顏氏的原始寫作動機，完稿年代的相關記載亦復闕如。此處僅能根據《冤魂志》的遺文及有關的資料，略加分析推斷而已。

《顏氏家訓·歸心篇》云：「形體雖死，精神猶存。人生在世，望於後身似不相屬；及其歿後，則與前身似猶老少朝夕耳。世有魂神，示現夢想，或降童妾，或感妻孥，求索飲食，徵須福祐，亦爲不少矣。今人貧賤疾苦，莫不怨尤前世不修功業；以此而論，安可不爲之作地乎？」⑧本段所論，大約包含了靈魂不滅、三世因果等思想。

同書同篇又云：「儒家君子，尙離庖廚，見其生不忍其死，聞其生不食其肉。高柴、折像，未知內教，皆能不殺，此乃仁者自然用心。含生之徒，莫不愛命；去殺之事，必勉行之。好殺之人，臨死報驗，子孫殃禍，其數甚多，不能悉錄耳，且示數條於末。……」⑨按本段文字及所錄果報七事，唐宋人所見，並題曰「誡殺訓」。蓋之推既篤信釋氏，遂援佛家三世因果報應之說，傅合中國傳統的善惡報應觀念；再者，其人熟悉諸多子史雜記，故而發心搜集歷代有關鬼魂報怨的事例，編成《冤魂志》一書。它既可加強社會道德規範，又能達到佛教戒殺勸世的理想，可謂具備多重功用了。

至於《冤魂志》確切的成書年月，歷來的史家學士，似皆未嘗明言。今人李劍國《唐前志怪小說史》云：「《冤魂志》成書年代在隋世，是晚年之作。理由有二：一是書中記有北齊、北周和陳事。二是《家訓·歸心篇》云報應事爲數甚多，不能悉錄，且示數條於末，似作《家訓》時尙未寫《冤魂志》。而《家訓》作於開皇九年平陳之後，《家訓·終制篇》『今雖混一』語可證。所以，以往將此書作者題爲北齊顏之推是不正確的。」⑩

按：顏氏其他著作，抱括《證俗音字》、《家訓》、《稽聖賦》等，並題「(北)齊黃門侍郎」。蓋之推歷官南北朝，宦海浮沈，當以黃門侍郎最爲淸顯，故其自署如此，史學家、目錄學家也都追認其自署。⑪至於各書的完稿時間，必然是前後不同，《冤魂志》並非撰成於北齊之世。此其一。

根據《冤魂志》的遺文，記事年代最晚者乃〈後周宮女〉（《太平廣記》卷一二九引），敘及後周宣帝宇文贇在大象二年（西元五八〇年）五月崩逝一事，次年二月，隋文帝楊堅即位。因此，我們有理由相信《冤魂志》完成於隋代。此其二。

《家訓·歸心篇》所述七則果報故事，〈楊思達〉一段文字，《太平廣記》卷一一九引，注「出《還冤記》」（即《冤魂志》，說詳後），《家訓》與《冤魂志》二書之間，似乎有重疊之處。丁愛博（Allent E. Dien）教授讚成清代姚振宗《隋書經籍志考證》的說法，以為《冤魂志》與《歸心篇》「誡殺訓」早已合而為一，所以才有此種現象。⑫不過〈歸心篇〉的七個故事，著眼點在誡殺；《冤魂志》則以鬼魂報冤為主，兩者各有偏重，實在無從推出《冤魂志》晚於《家訓》的結論。此其三。

從上述的情況加以研判，我們有理由相信《冤魂志》應該成書於隋代，也就是顏之推五十一歲以後，至於確切的年月就不得而知了。

二、卷本分合與流傳狀況

《冤魂志》的版本源流，大致可分為：一、早期的著錄；二、在宋代書名的更改；三、元、明、清之輯佚三個階段。

《隋書經籍志》雜傳類、顏眞卿〈顏氏家廟碑〉、《舊唐書經籍志》雜傳類、《冊府元龜》卷五五六、《新唐書藝文志》小說類、《通志藝文略》傳記類，並著錄《冤魂志》三卷；《法苑珠林》卷一二〇傳記篇，則云二卷。⑬姚振宗《隋書經籍志考證》云：「《冤魂志》三卷，顏之推撰。唐顏眞卿〈家廟碑〉：『《冤魂志》三卷』《法苑珠林·傳記篇》：『《承天達性論》（不著卷數）。《冤魂志》一卷、《誡殺訓》一卷。右三部，齊光祿大夫顏之推撰。』按此，則其書首爲論一卷，次志一卷、訓一卷，如此合爲三卷也。《誡殺訓》略見《顏氏家訓·歸心篇》，此蓋別爲一卷。」⑭丁愛博〈冤魂志考〉，則謂《法苑珠林》中，或題「《冤魂志》一卷」，或題「《冤魂志》二卷」，視版本而異。從書名看來，《承天達性論》似與《冤魂志》無關，故而假設《冤魂志》原爲二卷，再加上《誡殺訓》，則可合成三卷。⑮不管如何，這個三卷本的《冤魂志》已不可得。目前僅有一個題爲《冥報記》的晚唐寫卷，殘存十五個大體完整的故事，被收在《敦煌秘笈留眞新編》中。它應該是《冤魂志》原帙的傳抄本，可惜不全。⑯

《崇文總目》小說類、《宋史藝文志》小說類，著錄《還冤志》三卷；《直齋書錄解題》小說類、《文獻通考經籍考》小說類，著錄《北齊還冤志》二卷。另外，《遂初堂書目》小說類，亦著錄顏之推《還冤志》，不記卷數。三卷本與二卷本，內容到底有無不同，因原書失傳，吾人不得而知。除了各種書目所題《還冤志》之外，《太平廣記》引錄四十餘個故事，並題出

《還冤記》；《太平御覽》卷九七七引〈樂盂（蓋）卿〉一篇，注出《冤報記》。由「冤魂」改爲「還冤」、「冤報」的理由，可能是流傳者想要突顯「還」或「報」的觀念；另外，也許想稍微沖淡「冤魂」一詞帶給讀者的恐懼感罷！

明徐𤊹《紅雨樓書目》小說類，著錄《還冤記》一部，二卷；陳第《世善堂藏書目錄》史類語怪之屬，收錄二卷本《北齊還冤記》一部；又趙用賢《趙定宇書目·稗統續編》，著錄《還冤記》一部，不記卷數。三家所藏，疑皆爲南宋舊刻，可惜不傳。

明晁瑮《寶文堂書目》子雜類、李廷相《濮陽李先生家藏目錄》，各收載《冤魂志》一部，不著卷數，內容未詳。唯清代陸心源皕宋樓曾經藏有一部舊鈔本《冤魂志》，一卷，題「北齊黃門侍郎顏之推撰。宋荼陵陳仁子同校」。該書今存日本靜嘉堂文庫。根據日本小南一郎教授的介紹，它共收錄卅七個故事，除了多出〈杜伯〉一篇，其餘與明、清通行一卷本《還冤志》（《還冤記》）完全相同。由於前後編排次序，跟《法苑珠林》所引《冤魂志》遺文前後順序一致，因此我們懷疑這是原書失傳後，宋末元初荼（茶）陵古迂書院主人陳仁子從《法苑珠林》抄出《冤魂志》舊文，重新刊印。唯陳氏檢閱未周，總共遺漏了〈徐光〉、〈莊子儀〉、〈趙王如意〉、〈漢宋皇后〉、〈諸葛恪〉五篇。⑰

明萬曆中，陳繼儒編《寶顏堂秘笈·廣集》，收《還冤志》一卷，共三十六篇，比陳仁子校本少〈杜伯〉一篇，其餘全同，疑繼儒襲自元刻本而改名，又脫一篇耳。《詁經堂藏書》、文淵閣《四庫全書》所收，亦名《還冤志》，一卷，三十六篇。此外，《續百川學海》、《唐宋叢書》、《重編說郛》、《五朝小說》、《五朝小說大觀》、《古今說部叢書》所收，俱題《還冤記》，亦並一卷，三十六篇。清乾隆年間，王謨輯《增訂漢魏叢書》，所刻《還冤記》一卷，三十二篇，比上述兩種系統共少了〈竇嬰〉、〈刁玄亮〉、〈經曠〉、〈萬黜〉四篇，前後次序也略有不同，乃是所據底本（《唐宋叢書》）原缺二葉，王謨在輯補的過程中又稍加以更動所致。⑱至於《四庫全書總目》卷一四二，著錄《還冤志》三卷，謂所據乃何鏜《漢魏叢書》本，未經刊削，猶爲原帙云云⑲。另外，《彙刻書目》卷四、《叢書舉要》三六，也都著錄《唐宋叢書》三卷本《還冤志》⑳。邇來研究此書的學者，都未能目擊所謂的三卷本，眞相如何只好存疑。

肆、《冤魂志》遺文考辨

大約在宋末元初之際，《冤魂志》原帙已漸失傳，古迂書院主人茶陵（今湖南省茶陵縣）陳仁子，便自《法苑珠林》輯錄遺文，重加編印。可惜檢閱不周，又未能注意到《太平廣記》所引《還冤記》，實爲《冤魂志》之異稱。因此，僅輯得三十七篇。明、清以下刊本，大抵從陳本翻刻，內容有減無增。今人有幸得睹敦煌秘笈，雖彌足珍貴，可惜殘缺不全，十五篇故事也全部見於通行本。民國五十年，周法高教授在出版《顏氏家訓彙注》之後，又撰成《顏之推還冤記考證》長文，乃集《還冤記》通行本條目，以及《法苑珠林》、《太平廣記》引文，再加上《法苑珠林》卷七八（按：《四部叢刊》影明刊本卷九五）注出自《冥祥記》的〈梁孝元帝〉、〈裴植〉兩篇，合爲六十個條目。這是目前討論《冤魂志》（《還冤記》）一書，比較完整的基準。㉑

本章打算以《法苑珠林》、《太平廣記》兩書爲主，再加上《辯正論》注所引〈郭祖深〉，附錄《法苑珠林》卷九二、卷九五（《大正藏》本卷七五、卷七八）注出《冥祥記》的〈王奐妾〉、〈杜嶷妾〉、〈梁孝元帝〉、〈裴植〉、〈郭祚〉五篇，總共六十五篇，略作探討。

新輯《冤魂志》出處對照表

編號	篇目	舊籍類書引冤魂志（還冤記）	其他相關資料
1	含玄	法珠珠林（以下簡稱「珠林」）36、太平廣記（以下簡稱「廣記」）119	
2	徐光	珠林41、廣記119	搜神記1、大明仁孝皇后勸善書（以下簡稱「勸善書」）17
3	諸葛覆*	珠林44、廣記127	勸善書17
4	莊子儀	珠林57、廣記119	墨子明鬼下、論衡死僞
5	漢王如意	珠林57	史記呂太后本紀、漢書五行志中之上、漢書高五王傳、論衡死僞

6	夏侯玄	珠林78、廣記119	三國志、魏書諸夏侯曹傳、異苑6、勸善書17
7	于吉	珠林79	搜神記1、洞仙傳
8	彭生	珠林80	左傳、管子大匡、史記齊世家、史記魯世家、列女傳7、論衡訂鬼、漢書五行志中之下
9	公孫聖	珠林84、廣記119	吳越春秋夫差內傳
10	張瓘	珠林84	晉書張軌傳、魏書張寔傳
11	麴儉	珠林84、廣記119	十六國春秋前涼錄、勸善書17
12	太樂伎＊	珠林84、廣記119	述異記、勸善書17
13	鄧琬＊	珠林84、廣記119	宋書鄧琬傳、南史鄧琬傳
14	蕭嶷＊	珠林84	南史42
15	元徽＊	珠林84	洛陽伽藍記4、後魏書（御覽397）、廣古今五行記（廣記127）、勸善書17
16	竇嬰	珠林87	漢武故事、勸善書17
17	刁玄亮	珠林87	晉書王敦傳、建康實錄6、勸善書18
18	經曠	珠林87、廣記119、通志氏族略	勸善書17
19	萬默	珠林87、廣記119	勸善書17
20	殷涓	珠林87	搜神後記5、晉書元四王傳、殷浩傳、勸善書15
21	苻永固＊	珠林87	述異記、晉書姚萇傳、魏書苻健傳

22	李期*	珠林87	華陽國志9、晉書李壽傳
23	張超*	珠林87、廣記119	勸善書17
24	張稗*	珠林87、廣記120	勸善書18
25	呂慶祖*	珠林87、廣記127	勸善書18
26	*牛牧寺僧主	珠林91、廣記126	建康實錄10、勸善書17
27	蘇娥	珠林92、廣記127	列異傳、搜神記16、勸善書17
28	王忳	珠林92、(廣記127)	華陽國志10、後漢書王忳傳、勸善書17
29	徐鐵臼*	珠林92、廣記120	勸善書17
30	宋皇后	珠林93、廣記119	續漢書、後漢書皇后紀下
31	王淩	珠林94、廣記119	異苑6、晉紀、勸善書17
32	支法存*	珠林94、廣記119	異苑6、勸善書17
33	沮渠蒙遜*	珠林96、廣記119	高僧傳2、魏書沮渠蒙遜傳、勸善書17
34	杜伯	珠林110、廣記119	墨子明鬼下、周春秋(國語周語韋注)、說苑辨物、論衡死僞
35	王濟左右	珠林110、廣記129	小說
36	游殷	珠林110、廣記119	三輔決錄注、勸善書18
37	孫元弼	珠林110、廣記129	謝氏鬼神列傳(御覽359)、勸善書18

38	陰鑒	珠林110	勸善書16
39	簡良	珠林110、廣記126	晉書羊曼傳、勸善書18
40	孔基*	珠林110、廣記119	勸善書16
41	陶侃	珠林110	勸善書18
42	諸葛恪	珠林113	勸善書18
43	王宏	廣記119	勸善書18
44	魏輝儁	廣記119	冥祥記（珠林94）、勸善書17
45	眞子融	廣記119	冥祥記（珠林110）、勸善書17
46	羊道生部曲	廣記120	冥祥記（珠林95）、勸善書18
47	釋僧越	廣記120	冥祥記（珠林95）、勸善書19
48	劉某	廣記120	冥祥記（珠林110）
49	張延康	廣記120	勸善書17
50	樂蓋卿	廣記120	冥祥記（珠林95）、冤報記（御覽977）、勸善書17
51	康季孫	廣記120	冥祥記（珠林95）
52	張絢部曲	廣記120	冥祥記（珠林95）
53	楊思達	廣記120	顏氏家訓歸心、勸善書1

54	弘氏	廣記120	冥祥記（珠林95）、勸善書17
55	朱貞	廣記120	冥祥記（珠林95）、勸善書16
56	齊文宣帝	廣記120	冥祥記（珠林95）
57	梁武帝	廣記120	冥祥記（珠林95）
58	韋載	廣記120	冥祥記（珠林95）
59	後周宮女	廣記129	冥祥記（珠林95）
60	郭祖深	辯正論7	勸善書19、辨正論（廣記116）
61	王奐妾		冥祥記（珠林92）、南齊書王奐傳、南史王彧傳、勸善書19
62	杜嶷妾		冥祥記（珠林95）、廣古今五行記（廣記129）
63	梁孝元帝	（廣記126）	冥祥記（珠林95）
64	裴植		冥祥記（珠林95）、魏書裴叔業傳、北史裴叔業傳
65	郭祚		冥祥記（珠林95）、魏書于栗磾傳、北史于栗磾傳

說明：①篇名大抵依據被害人之姓名或身份擬定。
②＊記號，代表見於敦煌寫卷《冥報記》（《冤魂志》）。
③28、63兩條，（廣記127）、（廣記126）係原書未注出處。

根據右表，我們發現一些比較特別的現象，理應加以詳細討論。

首先。《法苑珠林》注明引《冤魂志》者，共四十二篇；《太平廣記》注明引《還冤記》

者，計四十四篇。彼此重疊的篇目二十又七。另有〈王忳〉一篇，《太平廣記》卷一二七引錄，刊落出處，《法苑珠林》卷九二引，注出《冤魂志》，可以證明《太平廣記》原作「出《還冤記》」無疑。

其次。《太平廣記》引《還冤記》諸篇，《法苑珠林》亦曾引錄，唯注出《冥祥記》的十四篇。今略記各篇故事發生年代如下：

44〈魏輝儁〉。北魏文宣帝天保（西元五五一—五五九年）間。

45〈眞子融〉。北齊武成帝（五六一—五六五年）時。

46〈羊道生部曲〉。梁武帝普通元年（五二〇年）至大寶二年（五五一年）間。

47〈釋僧越〉。梁武帝大同三年（五三七年）後。

48〈劉某〉。梁元帝承聖三年（五五四年）。

50〈樂蓋卿〉。梁武帝大同五年（五三九年）後。

51〈康季孫〉。陳朝（五五七年—五八〇年）間。

52〈張絢部曲〉。梁武帝中大通三年（五三一年）後。

54〈弘氏〉。梁武帝普通七年（五二六年）後。

55〈朱貞〉。梁武帝太淸二年（五三一年）後。

56〈齊文宣帝〉。北齊孝昭帝皇建二年（五六一年）。

57 〈梁武帝〉。陳武帝永定二年（五五八年）後。

58 〈韋載〉。陳武帝永定三年（五五九年）。

59 〈後周宮女子〉。周宣帝大象二年（五八〇年）。㉒

根據陸杲《繫觀世音應驗記·彭子喬》，王琰《冥祥記》當完成於齊和帝中興元年（五〇一年）之前。㉓因此，梁朝以後事，不應載入。《法苑珠林》所引《冥祥記》，大約有一四一篇。清末民初，魯迅輯《古小說鉤沈》，取其中一二三篇入《冥祥記》。其餘十九篇（包括以上所列十四篇，外加〈王奐妾〉、〈杜嶷妾〉、〈梁孝元帝〉、〈裴植〉、〈郭祚〉五篇）棄而不錄，亦未交代緣由。㉔吾人推測其主要原因，應該是當中的十八個故事都發生在梁武帝普通元年（五二〇年）之後，只有〈王奐妾〉所載係齊武帝永明十一年（四九三年）事。不過它所記的是報冤事情，與《冥祥記》專錄崇佛誦經、立塔造寺顯效靈驗之主旨不合。也許有人會聯想到，這可能王曼穎《續冥祥記》與《冥祥記》合編造成的結果。㉕不過，王曼穎卒於梁武帝天監十八年（五一九年）前後㉕。除了〈王奐妾〉一篇之外，其餘各篇所記諸事，仍非王曼穎所及見。因此，唯一的解釋是：唐高宗總章元年（六六八年）釋道宣編纂《法苑珠林》，他所根據的《冥祥記》曾有部份《冤魂志》的篇章竄入，故而造成混淆狀況。

其三。顏之推在編撰《冤魂志》時，曾參考或者引錄了不少載籍，所知約有：《左傳》、《史記》、《漢書》、《後漢書》、《三國志》、《魏書》、《吳越春秋》、《三輔決錄》、《華陽國志》、

《十六國春秋》、《洛陽伽藍記》、《高僧傳》、《管子》、《墨子》、《論衡》、《漢武故事》、《搜神記》、《異苑》、《述異記》、《小說》、謝氏《鬼神列傳》等二十一種。當然，由於文獻不足，必然有不少故事我們無法考知其確實來源。另外，有一部分應該是作者耳聞目見所做的記錄了。

伍、《冤魂志》的主題與內容

我們既然了解《冤魂志》是一部編（抄錄載籍原文）與著（作者自已撰稿）的混合產物，它的文體特色，似乎無法詳予討論。《四庫全書總目》卷一四二〈還冤記提要〉謂其「文詞亦頗古雅，殊異小說之冗濫」㉗，也只是大概的說法而已。因此，本書準備就該書的敘述手法與主題詳加探討。

《冤魂志》一書敘述的方式和特色，不論是屬於舊籍所有，或是近代新記，都可以經由歸納作品而得出某些固定的模式。例如：

△燕臣莊子儀無罪，而簡公殺之。子儀曰：「死者無知則已。若其有知，不出三年，必使君知之。」期年，簡公將祀於祖澤。……男女觀之。子儀起於道左，荷朱杖擊公，公死於車上。

死者莊子儀的鬼魂，在周年之後，光天化日下以朱杖擊殺燕簡公。這是使用直接報復的手段。

△漢時有王忳，字少林，爲郿縣令。之縣，到斄亭。亭常有鬼，數數殺人。忳宿樓上，夜有女子，稱：「欲訴冤，無衣自蓋。」忳以衣與之，乃進曰：「妾本涪令妻也。欲之官，過此亭宿。亭長殺妾（家）大小十餘口，埋在樓下，奪取衣裳財物。亭長今爲縣門下遊徼。」忳曰：「當爲汝報之。勿復妄殺良善耶！」鬼投衣而去。忳且收遊徼，詰問即服。收同謀十餘人，幷殺之。掘取諸喪，歸其家殯葬，亭永清寧。

這是冤魂向路過的官員投訴申苦，終於將謀財害命的亭長一夥定罪——殺人償命。此乃採取間接報仇的方法。

△魏城陽王元徽，初爲孝莊帝畫計殺爾朱榮。及爾朱兆入洛害孝莊，而徽懼，走投洛陽令寇祖仁。祖仁父叔兄弟三人爲刺史，皆徽之力也。旣而爾朱兆購徽萬戶侯，祖仁遂斬徽送之，幷匿其金百斤、馬五十疋。及兆得徽首，亦不賞侯。兆乃夢徽曰：「我金二百斤、馬百疋，在祖仁家，卿可取也。」兆覺曰：「城陽家本巨富，昨令收捕，全無金銀，此夢或實。」至曉，即令收祖仁。祖仁又見徽曰：「足得相報矣。」祖仁款得金百斤、馬五十疋，兆不信之。祖仁私斂戚屬，得金三十斤、馬三十疋輸兆，猶不充數。兆乃發怒，懸頭於樹，以石硾其足，鞭捶殺之。

本則故事的受害人，死後利用托夢的方式，檢舉仇家呑沒金子及馬匹，並且有意謊報加倍的數字，終於達到借刀殺人之目的。這又是另一種間接報仇的方法。

△晉時庾亮誅陶稱後，咸康五年冬，節會，文武數十人，忽然悉起，向階拜揖。庾驚問故，並云：「陶公來！」陶公是稱父侃也。庾亦起迎。陶公扶兩人，悉是舊怨；傳詔左右數十人，皆操杖戈。陶公謂庾曰：「老僕舉君自代，不圖此恩，反戮其孤，故來相問陶稱何罪？身已得訟於帝矣。」庾不得一言，遂寢疾。六年一月死。㉘

這則故事比較特別的地方是：已經亡故的父親，一面代被殺的兒子向天帝申冤，一面現形，來勢凶凶地跟舊日的同僚理論。結果對方因爲理屈，極度不安，終於得病死了。此種直接間接報仇混合使用的情形，又是一種新的模式。

由於全書共有六十篇，加上疑似的五篇，份量不算少，實在無法一一介紹，今試以表列的形式，歸納各種報應的類型如後。

新輯《冤魂志》報應方式統計表

報應方式	出現篇次	總計
一、現形爲祟		(51)
(a)死後現身	2、7、8、10、11、15、18、20、22、26、32、35、38、39、40、41、44、47、48、49、57、58、59、60、62、63、64、65	28

(b)強行索命	1、4、12、13、16、17、19、21、23、24、29、31、33、34、36、37、42、43、50、52、54、55、56	23
二、直接報仇		(26)
(a)以弓箭射殺	1、34	2
(b)以杖棍打殺	4、16、24、29、31、42、43	7
(c)以刀劍斫殺	19、21、23、33	4
(d)以聲音驚殺	9	1
(e)以眼珠噎殺	46	1
(f)以房屋壓殺	55	1
(g)變狗害人	5、11	2
(h)跳入口中	12、52	2
(i)拘錄致死	17	1
(j)讓人脫睛	36	1
(k)徒手搏擊	37	1
(l)連環傷害	47	1
(m)迫服蒜汁	50	1

(n)令人病癩	60	1
三、間接報復		（31）
(a)上訴天帝（神）	6、12、24、26、29、30、31、35、37、41	10
(b)向親舊託夢	3、14、18、25、57	5
(c)向亡父投訴	14	1
(d)向官吏申訴	27、28	2
(e)在陰間申理	39	1
(f)製造災變	10、29	2
(g)運用狡計	15	1
(h)阻止逃逸	18、25	2
(i)陷人犯錯	44	1
四、不明原因	32、38、45、51、53、59	（6）

新輯本總共有六十五篇，不過每篇的情況不同，可能現形爲祟，又採取其他的報復行動，也許是直接、間接的報仇手段輪番使用。因此，統計表中的四項「報應方式」總計篇數並非六十五而已。

在叙述手法上，鬼魂現身固然是最常見的現象，但受害者臨終前套語式的咀咒，以及死後在陰間遞訴狀或向皇天申冤也是很普遍的辦法。套語式的咀咒，例如：

△子儀曰：「死者無知則已，若其有知，不出三年，必使君知之。」（〈莊子儀〉）

△（張）瓘臨命，語（宋）澄曰：「汝荷婚姻，而爲反逆，皇天后土，必當照之。我自可死，當令汝劇我矣。」（〈張瓘〉）

△妓曰：「我……實不作劫。陶令已當具知，枉見殺害。若死無鬼則已；有鬼，必自陳訴。」（〈太樂妓〉）

△（竇）嬰臨死，罵曰：「若死無知則已；有知，要不獨死！」（〈竇嬰〉）

△（王）宏臨死歎曰：「胡种小子，勿樂人禍。禍必及汝！」（〈王宏〉）

△（朱）貞聞之，大恨曰：「虜小子，欺罔將死之人。鬼若無知，固同灰土；儻其有識，誓必報之。」（〈朱貞〉）

△（成）愼奮厲曰：「此是汝父所爲，成愼何罪？悖逆之餘，濫以見及。鬼若有知，終不相放。」（〈後周宮女〉）

△（王奐）妾解衣誓曰：「今日之死，實爲枉橫。若有人天道，當令官知。」（〈王奐妾〉）

以上八條都是受害人臨死前的哀鳴之聲，充滿了憤怒與無奈，故而誓言作鬼必來相報。

再者，當事人在被殺害之前，既然無力反抗或無法改變現狀，只得將在陽間的不平事帶到陰府，甚至向皇天上帝訴冤，祈求獲得合理的解決。例如：

△魏夏侯玄爲司馬景王所忌而殺之。玄宗族爲之設祭，見玄來靈座，脫頭置其傍，悉取果食酒肉以內頸；既畢，還自安頭，言曰：「吾得訴於上帝矣！司馬子元無嗣也。」（〈夏侯玄〉）

△經月餘日，陶遂夜夢妓來至案前，云：「昔枉見殺，實所不分；訴天得理，今故取君。」（〈太樂妓〉）

△齊豫章王蕭嶷亡後，忽見形於沈文季曰：「我病未應死，皇太子加膏中十一種藥，使我癰不差；湯中復加藥一種，使我痢不斷。吾已訴先帝，帝許還東邸，當判此事。」（〈蕭嶷〉）

△（張）邦死之日，鄰人又見（張）稗排門直入，張目攘袂曰：「君恃貴縱惡，酷暴之甚，枉見殺害。我已上訴（天帝），事獲申雪。卻後數日，令君知之。」（〈張稗〉）

△（鐵臼）亡後旬餘，鬼忽還家，登陳（氏）床，曰：「我鐵臼也。實無片罪，橫見殘害。我母訴怨於天，今得天曹符來取鐵杵。……」（〈徐鐵臼〉）

△漢靈帝夢見桓帝怒曰：「……今宋后及悝，自訴於天，上帝震怒，罪在難救。」（〈宋皇后〉）

△一鬼，面甚青黑，眼無瞳子，曰：「吾孫元弼也。訴怨皇天，早見申理，連時候汝，乃今相遇。」（〈孫元弼〉）

△羊聃少時疾病，恆見簡良等曰：「枉豈可受？今來相取，自申黃泉。」經宿而死。（〈簡良〉）

△（盧）斐遂希旨，成輝儁罪狀。奏報，于州市斬決。輝儁遺語令史曰：「我之情理，是君所見。今日之事，可復如何？當辦紙百番，筆二管，墨一錠，以隨吾屍。若有靈祇，必望報盧。」（〈魏輝儁〉）

△弘氏臨刑之日，敕其妻子：「可以黃紙百張，并具筆墨置棺中。死而有知，必當陳訴。」又書（孟）少卿姓名數十，吞之。經月，少卿端坐，便見弘來。（〈弘氏〉）

以上十例，〈夏侯玄〉、〈張稗〉、〈宋皇后〉三篇，係受害人向天帝告狀；〈太樂妓〉、〈徐鐵臼〉、〈王濟左右〉、〈孫元弼〉四篇，則是訴怨於皇天；〈蕭嶷〉一篇，死者向其亡父（齊高帝）投訴；〈簡良〉、〈魏輝儁〉、〈弘氏〉三篇，乃冤主準備到陰間興訟，唯後兩篇比較特別，他們交代親友放置了紙及筆墨於棺中，好撰寫告訴狀子。相關的事例，還有〈張超〉、〈牛牧寺僧主〉、〈陶侃〉三篇，各上訴天帝；〈樂蓋卿〉一篇，是令家人以紙筆隨殮。凡此，不再詳爲引述。

整體而論，《冤魂志》這部志怪小說集，所包括的僅是志怪中的一個小類，亦即所收錄的大都有關慘遭陷害或含冤受戮，然後鬼魂出現索報的故事。因果報應是唯一強調的主題，而報冤的方式卻林林總總，不一而足。

陸、《冤魂志》的價值與影響

顏之推在垂暮之年，從他所熟悉的載籍史傳中，搜錄了不少符合報應主題的材料，再加上自己耳聞目睹的相關故事，編成一本志怪專集。它除了做爲勸誡警醒世人之用，對後代讀者而言，可能還具備多種意義與功用。再者，後代的文士或僧徒之流，受其啓示與影響，起而效倣，亦不在少數，值得重視。

一、史料上的價值

《冤魂志》一書，大約有六十五篇（含附錄五篇），故事發生的時代，從周宣王末年到北周結束，前後跨越一千三百六十年左右。其中，屬於周朝者四篇，漢代者八篇，三國者四篇，晉代（含五胡十六國）十七篇，南朝廿四篇（宋八篇，齊二篇，梁十一篇，陳三篇），北朝八篇（北魏四篇，北齊三篇，北周一篇）。有不少故事前有所承，今可考者卻不多；有些事件則極可能是顏氏親身經歷或目睹耳聞，信手拈來，有足與史傳相參證者，亦有溢出正史記注，可做為當時社會側面之反映者。

〈蕭嶷〉、〈牛牧寺僧主〉、〈羊聃〉、〈北齊文宣帝〉、〈後周宮女〉、〈韋戴〉、〈郭祖深〉、〈王奐妾〉、〈杜嶷妾〉、〈梁孝元帝〉、〈裴植〉等十餘篇，其部份敘事，可取與正史記載相印證補充，詳見本書下編「輯佚校釋」各該篇注釋及按語。

〈羊道生〉、〈新城劉某〉、〈張延康〉、〈梁武帝〉諸篇，主要人物或見諸正史，或否，大抵相關叙述皆可補史傳之不足。特別是〈新城劉某〉一篇，記載梁元帝末，西魏軍隊攻陷江陵，成千上萬的俘虜被驅迫送往長安。此時顏之推正患腳氣病，也只得策疲驢瘦馬上路，該故事即述此行見聞，眞是慘絕人寰。

〈魏輝儁〉一篇，寫北齊魏輝儁受誣告，偏偏遇上酷吏盧斐覆審該案，被判於州市斬決，臨終遺語令史：「當辦紙百番，筆二管，墨一錠，以隨吾屍。」〈樂蓋卿〉一篇，寫梁武帝時樂蓋卿奉廬陵王之命量括民田，以違誤得罪，又受欺誑，未曾上訴。數日之間，遂斬於市。蓋卿號叫，無由自陳，唯語家人以紙筆隨殮。死後少日，即現形報仇。〈弘氏〉一篇，亦記梁武帝時之事。曲阿弘姓商人枉被刑殺，臨刑前命妻子以黃紙百張，並具筆墨置棺中，又書辦案官吏姓名數十呑之。上述三篇，都有受害人攜帶紙、筆、墨入殮的情節，一方面固然突顯出當時屢有冤獄的情況，一方面則反映了南北朝時期民間信仰與習俗的側影，值得研究民間宗教及民俗學之人士多加留意。

二、語料上的價值

在漢語詞彙的發展演變上，魏晉南北朝是一個變化劇烈，十分關鍵的一個時期。由於受到佛典漢譯之刺激，加上戰亂動盪的局勢，各民族的遷徙與融合諸多因素的影響。這時明顯可見的是：新詞大量出現；大多數舊詞的意義發生了類型各異的演變，產生了許多新義項和新用法；同義詞顯著增加等等㉙。研究這些現象，探討新增詞彙的意義，除了漢譯佛經之外，此時期的各種小說雜記也保持了不少資料，足供參考。

顏之推是一位受過極佳寫作訓練的高級學士，文辭曲雅精妙，但在教育子弟所撰的《家訓》，特別是爲了勸善懲惡，宣揚因果報應思想而編成的《冤魂志》，常常使用比較平淺通俗的詞彙，甚而引進了口語化的時代通行用語。以下僅就《冤魂志》所保存的一些明顯例子，稍加臚列考釋，提供參考。

⑴劫。此字本爲動詞，奪取之義；六朝時用爲名詞，做盜賊講，甚爲普遍。

△妓曰：「我雖賤隸，少懷慕善，未嘗爲非，實不作劫。……」（〈太樂妓〉）

按《世說·自新篇》：「陸機赴假還洛，輜重甚盛，淵使少年掠劫。淵在岸上，據胡床指麾左右，皆得其宜。機於船屋上，遙謂之曰：『卿才如此，亦復作劫邪？』」末句『劫』字，正作盜賊解。

(2)叛。原爲背離之意，六朝文獻中字義稍有改變，常用做逃跑講。

△（張）麁知事露，欲規叛逃，出門輒見（經）曠手執雙刀，來擬其面，遂不得去。（〈經曠〉）

△（呂）慶祖來云：「……奴今欲叛，我已釘其頭著壁。」……錄奴詰驗，臣伏。又問：「汝既反逆，何以不叛？」奴云：「頭如被繫，欲逃不得。」（〈呂慶祖〉）

△道生見縛一人於樹，就視，乃故舊部曲也。見道生，涕泣哀訴云：溠州欲賜殺，乞求救濟。道生問：「汝何罪？」答云：「失意逃叛。」（〈羊道生部曲〉）

△（張）延康然之，遂夜逃。王遣游軍設伏，刺延康於城下，乃表叛獄格戰而死。（〈張延康〉）

△後數年，三門生竊其兩妾以叛，追獲之，即並毆殺。（〈康季孫〉）

按：〈呂慶祖〉、〈康季孫〉二例，言奴僕、門生逃跑，勉強可以解釋『叛』字，似乎帶有背叛的意思；〈張延康〉一例，絕對只能做逃走來講，與背叛毫無干係。另外，〈經曠〉、〈羊道生部曲〉兩條，乃是『叛』字與同義字『逃』一起，組成複合詞，意思仍然一樣。

(3)酷。常義爲狠殘、暴虐。〈張稗〉云：「酷暴之甚。」〈徐鐵臼〉：「後妻恣意行其暴酷。」

都是尋常用法。此外，則有不少解作苦痛的例子。

△爾夜，元崇母陳氏夢元崇還，具叙父亡事及身被殺委曲，屍骸流漂，怨酷無雙。(〈諸葛覆〉)

△無期賫羊酒脯，至柩所而咒曰：「君荼酷如此，乃云是我。魂而有靈，使知其主。」(〈呂慶祖〉)

△妾死痛酷，無所告訴，故來自歸於明使君。(〈蘇娥〉)

按：以上三例，『怨酷』、『荼酷』、『痛酷』的酷字，並應訓作苦、痛。《淳化閣帖》卷六載晉王恬書：「何圖慈兄，一旦背棄。悲號哀摧，肝心如抽，痛毒煩冤，不自堪忍。酷當奈何？痛當奈何？」酷、痛對舉，酷即痛也。

(4)要當。『要』作副詞，有無論如何，終究的意義；與『當、須』連用，作助動詞的例子也不少。

△(張)璀後數見祚來，部從鎧甲，舉手指璀云：「底奴！要當截汝頭。」(〈張璀〉)

△此人具自陳訴，(王)濟猶不信，故牽將去。顧謂濟曰：「枉不可受，要當訟府君於天。」(〈王濟左右〉)

按：以上二例，『要當』都解作應當、必須。《郭子》云：「王渾妻鍾，生女甚賢明。令武子爲妹擇佳婿，而未有其人。兵家子有才，欲以妻之，獨與母議。初不告，事定乃白。母曰：『誠是才，地自可遺，要當令我見之。』」『要當』一詞，正是必須之義。

(5)必自。即必定。『自』字在此僅做爲擴充音節的虛語素，無意義。

△陶令已當具知，枉見殺害。若死無鬼則已，有鬼，必自陳訴。（〈太樂妓〉）

按：必自陳訴，就是一定陳訴，『自』字無義。前引〈王濟左右〉：「此人具自陳訴」，『自』字亦然。

以上只選擇了《冤魂志》部分的例子，稍作分疏，不能盡舉。同樣地，《顏氏家訓》也保存了不少俗言習語，有的還可拿來與《冤魂志》相參照（如《家訓·文章篇》：「銜酷茹恨，徹于心髓。」），異日當另行探討。

三、本書對後世作品的影響

由一個虔誠佛教信徒編撰的志怪小說，首推臨川王劉義慶《幽明錄》、《宣驗記》。《幽明錄》的內容，包含：古來迷信、傳說，佛教、道教影響，以及古迷信、佛、道雜糅等各方面的材料。㉚《宣驗記》則是一部純粹的釋氏輔教之書。顏之推《冤魂記》一書，不強調崇經像，造塔寺，只是搜集了載籍及個人聞見中的因果報應故事，佛教信徒固然愛讀，一般的知識分子也能接受。因此，它的影響層面，比起別的靈驗錄、報應記等宗教性格鮮明的故事集要大得多。

唐高宗總章元年（西元六六八年），長安西明寺沙門釋道世（玄惲）編撰《法苑珠林》，大量引用《冤魂志》故事做爲每個單元卷末「感應緣」的重要例證。唐僖宗中和二年（八八二年）歸義軍節度使張義潮，延請河西名書手將《冤魂志》（原誤作《冥報記》，今正）原文上石鐫碑㉛。北宋太宗太平興國三年（九七八年），李昉等編成《太平廣記》，大約引用四十五篇《冤魂志》《原書並題《還冤記》》的文字。南宋時期，《冤魂志》被改名爲《北齊還冤志》，釋庭藻乃撰有《續北齊還冤志》一卷㉜，可惜不傳。

另一方面，宋代以下勸善書之類的著作，如：宋李昌齡《樂善錄》、黃光大《積善錄》、李元綱《厚德錄》、陳錄《善誘文》，元馮夢周《續積善錄》，明仁孝皇后《勸善書》、陳良謨《見聞紀訓》，清馬燁《簡通錄》、汪輝祖《善俗書》、彭希涑《二十二史感應錄》、楊式傳《果報聞見錄》等，或勸善誡惡並重，或只錄善事，相信都直接間接受到《冤魂志》的啓示與影響。特別是明成祖仁孝皇后於永樂三年（一四〇五年），採輯三教有關果報故事，編成《勸善書》二十卷。其中收錄《冤魂志》文字四十篇，算是比較全面性引用顏氏書稍晚的一部集子，宜加以重視。

柒、結語

顏氏撰《冤魂志》一書，流傳至今約有一千四百餘年。北宋以來，書名屢有改換更易，或曰「還冤記」，或曰「還冤志」，或謂「北齊還冤志」，內容應無不同。元、明、清三代，屢次刊印此書，名稱也不一致，「冤魂志」、「還冤志」、「還冤記」三名，交互使用，然均非完足之本。筆者特自《法苑珠林》、《太平廣記》等古籍，輯得遺文六十篇，外加附錄五篇，大體可以恢復舊觀。

《冤魂志》之材料，或沿用改編自前代書籍，或係顏氏自記，文字簡潔古雅，叙事手法有其一致性與規範性；其主題則不離鬼魂還冤，因果報應，觀點比較統一集中。由於原書材料豐富，因此有不少可與魏晉南北朝史書相印證的地方，某些遺聞軼事尤能補充史傳之闕漏。此外，書內保存了不少當代流行通用的詞語，亦可做爲語言史研究之參考。至於編撰方法與內容特色，對後代三教合一式的勸善書系統，同樣造成或深或淺，大小不一的影響。

總而言之，《冤魂志》在中國小說史上有它的作用與地位。其流行後世，固然有其必然性；其日漸失傳之故，則不得而知。今日重行整理探討，也許仍然値得吧！

【附註】

①《周易·文言》：「積善之家，必有餘慶；積不善之家，必有餘殃。」《墨子·法儀》：「愛人利人者，天必福之；惡人賊人者，天必禍之。」《新語·懷慮》：「積德之家，必無災殃。」其他見載《尚書·商書》、《韓非子·安危》、《淮南子·覽冥》、《史記·三代世表》、《漢書·陳平傳》者，意思無殊，不煩詳引。

②因果之說與中國報應觀頗爲近似，輪迴的理論則明顯來自佛教。

③功過承負的說法，大約起自漢末。《太平經》、《抱朴子》曾予以解說強調。一般而言，功過屬於個人，承負則偏重於家族。

④謝慶緒、朱君台諸人所編佛教應驗錄情況，詳見拙撰《魏晉南北朝志怪小說研究》，頁四三—四六。

⑤參見《北齊書》、《北史》顏之推本傳，繆鉞〈顏之推年譜〉（台北谷風出版，《讀史存稿》，頁二二六—二五二）

⑥參見《隋書經籍志》、《舊唐書經籍志》、《新唐書藝文志》、《崇文總目》、《直齋書錄解題》等書目著錄。

⑦《證俗音》有馬國翰《玉函山房輯佚書》本，《集靈記》有《古小說鉤沈》本，文集及《稽聖賦》輯文見王利器《顏氏家訓集解》附錄。

⑧⑨見《顏氏家訓集解》頁三六三、三六六。

⑩見《唐前志怪小說史》頁四四四。

⑪見《顏氏家訓集解》前言頁七。
⑫見丁氏〈冤魂志考〉，《中華文化復興月刊》十三卷十期，頁五三。
⑬此據《大正藏》。《四部叢刊》所印百二十卷本，云一卷也。
⑭開明書店《二十五史補編》本，頁三三一。
⑮同註⑫。
⑯相關的討論，參考王重民《敦煌古籍叙錄》，頁二二六—二二八；林聰明〈敦煌本還冤記考校〉，《書目季刊》十五卷一期，頁八三—一〇五。
⑰見小南氏〈顏之推「冤魂志」をめぐって〉，《東方學》六十五輯，頁一八—二一。
⑱見《增訂漢魏叢書》本《冤魂志》王謨跋文。
⑲藝文印書館影印本，頁二七九三—二七九四。
⑳見學海書書影印《彙刻書目》，頁一一二；文學出版社影印《叢書擧要》，頁七五〇。
㉑原文分載《大陸雜誌》二十二卷九期、十期、十一期。
㉒有關各篇的故事年代考證，參見本書下篇「輯佚校釋」。
㉓見日本牧田諦亮校注《觀世音應驗記の研究》，頁五〇。
㉔《古小說鉤沈》約完成於西元一九一〇年前後。唯在周氏生前並未完全定稿，亦未嘗爲各書撰寫叙錄，其

去取理由無從確知。

㉕參考勝村哲也,〈顏氏家訓歸心篇と冤魂志をめぐって〉,《東洋史研究》二六卷三號。

㉖參考李劍國,《唐前志怪小說史》,頁四二〇。

㉗同註⑲。

㉘上引四篇故事文字,根據本書下編「輯佚校釋」各相關校文。

㉙參考朱慶之,《佛典與中古漢語詞彙研究·前言》,頁一。

㉚參考筆者,〈幽明錄研究〉,《中國古典小說研究專刊》二集,頁四七—六〇。

㉛同註⑯。

㉜見世界書局編印,《宋史藝文志廣編》,頁一二一。

下篇　輯佚校釋

凡　例

一、本編係以《四部叢刊》本影印明刻《法苑珠林》、王紹楹點校《太平廣記》所引《冤魂志》及《還冤記》遺文爲主，再參照各相關典籍，做爲校訂補充的根據。

一、諸書引文足以訂正底本之誤者，則多加採摭；若底本不誤，而他書反誤者，概未錄入；倘文字有異，而義可兩通，則酌予徵引；其文字闕脫，經改訂增補者，則加〔〕號以資識別。

一、罕見生僻字詞，或未能尋得舊籍之有關釋說，暫付闕如；疑惑難明之處，僅就個人所知略加詮解，避免繁瑣。

一、附錄五篇，別標△符號，置之卷末。

1.晉明帝殺力士含玄①。玄謂持刀者曰：「我頸多筋，斫之必令即②斷，吾將報汝」。持刀者不能留意，遂斫數瘡，然③始絕。尋④後見玄絳冠朱服，赤弓丹⑤矢射之。持刀者呼曰：「含玄緩我。」少時而死。（《法苑珠林》卷三六）

①「含玄」，《太平廣記》（以下簡稱《廣記》）卷一一九作「金玄」，後文同。

②即，立刻。

③然，乃也。

④尋，俄頃。

⑤「丹」，《廣記》卷一一九作「彤」。按：丹、彤，並指赤色。

2.徐光在吳世，常行幻術於市鄽①間。種棗橘栗②，立得食之，而市肆賣者，皆已耗失③。凡言水旱，甚驗。常過大將軍孫綝④門，褰裳而趨，左右唾踐⑤。或問其故，答曰：「流血覆道，臭腥不可〔耐〕⑥。」綝聞而怒，殺之。斬其首，無血。及綝廢幼帝，更立景帝，將拜蔣陵⑦。有大飄風⑧如纛，從空中墜綝車上，車爲之傾頓。顧見徐光在松樹上，拊手指撝，嗤笑之。綝問左右⑨，無見者。綝惡之。俄而景帝誅綝，兄弟四人，一旦爲戮。⑩（《法苑珠林》卷四一）

①「鄽」，《大明仁孝皇后勸善書》（以下簡稱《勸善書》）卷十七作「廛」，《廣記》卷一一

九作「里」，通行本《搜神記》卷一亦作「里」。按：廛、鄽通用。市鄽，市邸、市肆；市里，則謂街市里巷也。

②「棗橘栗」，百卷本《法苑珠林》（以下簡稱《珠林》）卷三一作「苽棗橘栗」。

③按《搜神記》卷一云：「（光）從人乞瓜，其主勿與。便從索瓣，杖地種之。俄而瓜生蔓延，生花成實。乃取食之，因賜觀者。鬻者反視所出賣，皆亡耗矣。」所述稍詳。

④「綝」，原作「琳」，今據《搜神記》卷一、《勸善書》卷十七校改，後文同。按：綝，字子通，《三國志》卷六四（《吳書》卷十九）有傳。

⑤「踐」，原作「淺」，今據《廣記》卷一一九引文校改。百卷本珠林卷三一作「濺」。

⑥「耐」字，據《廣記》卷一一九增補。《搜神記》卷一亦有「耐」字，《勸善書》卷十七則作「聞」。

⑦「蔣陵」，《勸善書》卷十七同，《廣記》卷一一九、《搜神記》卷一，並作「陵」。按：陵者，帝王之墓。蔣陵，即吳主孫權殯葬陵墓；《廣記》、《搜神記》作「陵」，亦指吳主之陵也。

⑧「大飄風」，《勸善書》卷十七作「大風飄物」。

⑨「左右」，《廣記》卷一一九、《搜神記》卷一，並作「侍從」。

⑩按：吳景帝永安元年十二月（西元二五九年）誅綝。綝弟有據、恩、幹、闓四人，唯據《吳書（志）》卷十九，僅云「闓乘船欲北降，追殺之。夷三族。」《建康實錄》卷三則云：「追殺綝弟幹、闓於中江。」

3.宋琅琊諸葛覆，（宋）永嘉年爲九眞①太守，家累悉在揚都②，唯將長子元崇述③職。覆④於郡病亡，元崇年始十九，送喪欲還。覆門生⑤何法僧貪其資貨，與伴共推元崇墮水而死，因分其財。爾夜⑥元崇母陳氏夢元崇還，具叙父亡⑦事及身被殺委曲⑧，「屍骸流漂，怨酷無雙，違奉⑨累載，一旦長辭，銜悲茹恨，如何可說？」歔欷不能自勝。又云：「行速疲極，困卧窗下牀上，以頭枕窗，母⑩視兒眠處，足知非虛矣。」陳氏悲怛驚起，把火照兒眠處，沾濕猶如人形。於是舉家號泣，便始（發）問⑪。于時徐森之始除交州⑫，徐道立爲長史。道立，即陳氏從姑⑬兒也。具以所夢，託二徐撿⑭之。二徐道遇諸葛喪船，驗其父子亡日，如⑮鬼語，乃收其行兇二人，即皆款服⑯。依法殺之，更差人送喪達都⑰。（《法苑珠林》卷四四）

①「九眞」，原作「元眞」，今據敦煌本《冥報記》（《冤魂志》）、《廣記》卷一二七、《勸善書》卷十七校改。按：九眞郡，漢置，晉、宋、齊仍之，今越南境內河內以南，順化以

北之清華，乂安等處皆其地。

②揚都，揚州官府所在地建鄴，即今南京也。

③「述」，原作「送」，今據敦煌本校改。《廣記》卷一二七、《勸善書》卷十七，並作「赴」。

④「覆」，原作「復」，今據敦煌本、《廣記》卷一二七、《勸善書》卷十七校改。

⑤門生，門下客也。

⑥「爾夜」，敦煌本作「是夜」，《勸善書》卷十七亦同。按：爾，此也、是也。

⑦「父亡」，原作「亡父」，今據敦煌本、《廣記》卷一二七、《勸善書》卷十七校改。

⑧身，第一身稱代詞，猶如自己。委曲，事情之底蘊。

⑨「違奉」，敦煌本、《廣記》卷一二七、《勸善書》卷十七並作「奉違」。

⑩「母」，《廣記》卷一二七作「明日」。

⑪「便始（發）問」，原作「便如問」，今據敦煌本校補。《廣記》卷一二七，作「便如發聞」。按：問、聞義通，並謂音信、消息。此指訃聞。

⑫《宋書》卷五〈文帝本紀〉：「（永嘉）十四年秋八月戊午，以尚書金部郎中徐森之爲交州刺史。」

⑬從姑，堂姑也。

⑭「撿」，敦煌本作「檢」，《廣記》卷一二七、《勸善書》卷十七並作「驗」。按：撿、檢通用，皆爲查驗之意。

⑮「如」，敦煌本、《勸善書》卷十七，並作「悉如」。

⑯款服，誠心伏罪。

⑰「都」，敦煌本、《廣記》卷一二七、《勸善書》十七，並作「揚都」。

4.燕臣莊子儀無罪，而簡公殺之。子儀曰：「死者無知則已，若其有知，不出三年，必使君知①之。」期年，簡公〔將〕②祀於祖澤。燕之有祖澤，猶宋之有桑林，國之大祀也。男女觀〔之〕③。子儀起於道左，荷朱杖擊公，公死於車上。

（《法苑珠林》卷五七）

①「知」，《廣記》卷一一九作「見」。

②「將」字，據《廣記》卷一一九增補。按：《墨子》卷八〈明鬼下〉，亦有「將」字。

③「之」字，據《廣記》卷一一九增補。

按：本事首見於《墨子·明鬼下》，亦分別見於《論衡》卷四〈書虛〉、卷二一〈死僞〉、卷二三〈訂鬼〉。惟《論衡》所載，莊子儀並作莊子義。

5.漢王如意，漢高帝第四子也。呂后生長子也，立爲皇太子，而如意母戚夫人，得寵於帝。帝數欲替太子而立如意，群臣爭之，故遂封如意於趙。呂后以是嫉之。後及高帝崩，呂后候①如意到長安而拉殺之，又支②斷戚夫人手足，號爲人彘。後呂后祓除於灞上，還，道中③見物如蒼狗攫后腋，忽而不見。卜之云：「趙王如意爲祟。」遂病腋傷而崩④。（《法苑珠林》卷五七）

①「候」，百卷本《珠林》卷四四作「徵」。

②「支」，百卷本《珠林》卷四四作「肢」。按：支、肢通用，此謂割解四肢也。

③「道中」，《漢書》卷二七中之上〈五行志〉七中之上作「枳道」。

④《漢書》卷三〈高后紀〉：「（八年）秋七月辛巳，皇太后崩於未央宮。」

按：本事已見《漢書·五行志》，唯文字稍簡略也。

6.魏①夏侯玄，字太初，亦②當時才望，爲司馬景王③所忌而殺之。玄宗族爲之設祭，見玄來靈座，脫頭置其傍，悉取果食酒肉④以內⑤頸中，既畢，還自安〔頭〕⑥，言曰：「吾得訴於上帝矣，司馬子元無嗣也。」尋而景王薨，遂無子，其弟文王⑦封次子爲齊〔王〕⑧，繼景王後，攸薨，攸子冏⑨嗣立，又被殺。及永嘉之亂，有巫見〔宣王泣〕⑩云：「〔我〕⑪家傾覆，正由曹爽、夏侯玄二人⑫訴怨

得申故也。」（《法苑珠林》卷七八）

①「魏」，原作「晉」，今據《廣記》卷一一九、《勸善書》卷十七校改。按：玄於魏齊王嘉平六年（西元二五四年）二月被誅，作「魏」者是也。

②「亦」，《廣記》卷一一九、《勸善書》卷十七並作「以」。

③景王，司馬懿長子，名師，字子元。

④「取果食酒肉」，《廣記》卷一一九作「斂果肉食物」，《勸善書》卷十七作「斂果肉」。

⑤「內」，《廣記》卷一一九、《勸善書》卷十七並作「納」。按：內，納通用。

⑥「頭」字，據《勸善書》卷十七增補。《太平御覽》（以下簡稱《御覽》）卷八八四引《異苑》，亦有「頭」字。

⑦文王，司馬昭也。

⑧「王」字，據《廣記》卷一一九增補。按：齊王名攸，字大猷，《晉書》卷三八有傳。

⑨「冏」，原作「固」，今據《廣記》卷一一九校改。按：冏，字景治，攸之子。八王之亂中，爲長沙王乂所殺，事見《晉書》卷五九本傳。

⑩「宣王泣」，原作「弟」，今據《廣記》卷一一九校改。《勸善書》卷十七作「司馬懿泣」。

⑪「我」字，據《廣記》卷一一九、《勸善書》卷十七增補。

⑫「二人」下，原有「得」字，今據《廣記》卷一一九、《勸善書》卷十七刪。

按：本事見《御覽》卷九五、卷八八四、《廣記》卷三一七引《異苑》，亦載今本《異苑》卷六，文字大同小異。

7.漢孫策既定會稽，引兵迎漢帝。時道人于吉①在策軍中，遇天大旱，船路艱澀，策嘗自出，督切軍中人。每見將士多在吉所，因憤怒曰：「吾不如吉乎？」收吉，縛置日中，令其降雨，如不能者，便當受誅。俄頃之間，雲雨滂沛，未及移時②，川澗涌溢。時並來賀吉，免其死。策轉忿恚，意③使殺之。因是策頗愍常④，每髣髴見吉。後出射獵，爲刺客所傷⑤，治療將差⑥，引鏡自窺，鏡中見吉，顧則無之，如是再三，遂撲鏡大叫，瘡皆崩裂，須臾而死。（《法苑珠林》卷七九）

①《三國志》卷四六〈孫破虜討逆傳〉裴注引《江表傳》云：「道士琅邪于吉，先寓居東方，往來吳、會，立精舍，燒香讀道書，制作符水以治病，吳會人多事之。……」

②移時，變易時辰，喻短暫時刻。

③意，堅持己意。

④愍常，亂常。按：愍，假借爲惽，亂也。《三國志》卷四六裴注引《搜神記》及通行本

《搜神記》卷一並作「有失常」。

⑤《三國志》卷四六〈孫破虜討逆傳〉，謂孫策爲吳郡太守許貢客所殺。裴松之注引《江表傳》，其說略同。

⑥差，通瘥，痊癒也。

8.魯桓公①夫人文姜者，齊襄公②之妹也。桓公與文姜俱朝于齊③，襄公通其妹焉。桓公譴責文姜，文姜告襄公；襄公怒，乃與桓公飲酒。桓公出，襄公使公子彭生送桓公於車，彭生多力，乃抵桓公脅，桓公薨於車上。魯人告于齊曰：「寡君畏君之威，不敢寧居，來修舊好。禮成而不反，無所歸咎，惡何辭以告于諸候④？請以彭生除恥辱也。」齊人歸罪於彭生而殺之。後襄公獵于貝丘⑤，有大豕，從者曰：「臣見豕乃彭生也。」襄公怒曰：「彭生何敢見乎？」射之。豕乃人立⑥而啼公。公懼，墜于車，傷足而還。其臣連稱、管至甫⑦二人作亂，遂殺襄公焉。（《法苑珠林》卷八十）

①魯桓公，惠公嫡子，名子允（一作軌）。

②齊襄公，釐公子，名諸兒。

③桓公十八年（西元前六九四年）春，公與文姜會齊襄公于濼，見《春秋》經、《管子・大

匡篇》。

④「惡」，百卷本《珠林》卷六四作「思」。《左傳》桓公十八年，本句作「惡於諸侯」。

⑤《春秋經傳集解》莊公第三：「姑棼、貝丘，皆齊地。樂安博昌縣南，有地名貝丘。」

按：襄公獵貝丘事，《左傳》繫於魯莊公八年（前六八六年）十二月。

⑥後足立地，前足懸空，如人之站立，故曰人立。

⑦連稱、管至甫二人，並齊國大夫。

9.吳王夫差殺其臣公孫聖①而不以罪。後越伐吳，吳②敗走，謂太宰嚭曰：「吾前殺臣③公孫聖，投於胥山④之下，今道當由之。吾上畏蒼天，下慚於地。吾舉足而不〔能〕⑤進，心不忍往。子試唱於前，若聖猶在，當有應⑥。」嚭乃向⑦餘杭之山，呼曰：「公孫聖。」聖即從上應曰：「在。」三呼而三應。吳王⑧大懼，仰天歎曰：「蒼天蒼天，寡人豈可復歸乎？」吳王遂死不反。（《法苑珠林》卷八四）

①《吳越春秋》卷五，王孫駱曰：「東掖門亭長長城公弟公孫聖。聖爲人少而好遊，長而好學，多見博觀，知鬼神之情狀。」《越絕書》卷十《越絕外傳記吳王占夢》作「越公弟子」，其餘大同小異。

②「吳」，《廣記》卷一一九作「王」。

③《廣記》卷一一九，無「臣」字。
④胥山，在吳縣西四十里，蓋因吳子胥而得名。
⑤「能」字據《廣記》卷一一九補入。
⑥「應」，百本卷《珠林》卷六七、《廣記》卷一一九，並作「應聲」。
⑦「向」，《廣記》卷一一九作「登」。
⑧「王」，原作「主」，今據《廣記》卷一一九校改；下同。

10.晉安定張祚①以永和中作涼州刺史，因自立爲涼王②。河州刺史張瓘③士衆強盛，祚猜忌之，密遣兵進圖瓘。瓘率衆拒祚，祚遂爲瓘所殺。瓘後數見祚來，部從鎧甲，舉手指瓘云：「底④奴！要當截汝頭。」瓘入姑臧，立張玄靖⑤爲涼王，自爲涼州牧，又謀廢玄靖而自王。事未遂間，與玄靖同車出城西門，橋梁牢壯，而忽摧折。刺史舊事⑥，正旦放鳥。瓘所放，出手輒死。有鸛來巢廣夏門，彈逐不去，自往看之⑦。燉煌宋混遣弟澄即於巢所害瓘。瓘臨命，語澄曰：「汝荷婚姻，而爲反逆，皇天后土，必當照之。我自可死，當令汝劇我矣。」混自爲尚書令，輔政，有疾，晝日見瓘從屋而下，奄⑧入柱中。其柱狀若火燒，掘土則無所見，混因病死。澄又然⑨燈，油變爲血；廐中馬，一夕無尾；二歲小兒作老公⑩

聲，呼曰：「宋混、澄，斫汝頭。」又城東水中出火。後三年，澄爲張邕所殺。（《法苑珠林》卷八四）

①祚字太伯，安定烏氏（今甘肅省平涼縣西北）人，駿之長庶子，博學雄武，有政治之才。

②祚於晉穆帝永和十年（西元三五四年）即位，號和平元年。事蹟附見《晉書》卷八六《張軌傳》。

③「瓘」，原作「璀」，今據《晉書》卷八六、《十六國春秋輯補》卷七二、《魏書》卷九九校改；下同。瓘，祚之族人，時鎮枹罕（今甘肅臨夏）。

④底，何等也。

⑤「靖」，原作「靜」，今據《十六國春秋輯補》卷七二、《魏書》卷九九校改；《晉書》卷八六則作「靚」。按：玄靖，字元安，駿之孫，重華之少子。

⑥舊事，往事，指慣例而言。

⑦「看之」下，原有「宋」字，疑衍，今刪。

⑧奄，假借爲覫，匆遽、猝然之意。

⑨然，燃之正字。

⑩「公」，百卷本《珠林》卷六七作「翁」。

11.前涼①西域校尉張頎②以怨殺麴儉。〔儉〕③臨死有恨言④。後頎夜見白狗，自拔劍斫之，不中，頎便倒地不起。左右見儉在傍，遂以暴卒。（《法苑珠林》卷八四）

①「前涼」，原作「晉張頎」，今據《廣記》卷一一九、《勸善書》卷十七校改。按：《廣記》引文作「前涼張天錫元年」，當有所據。

②「頎」，《珠林》卷十引《十六國春秋》作「傾」，下同；並云：「傾，安定馬氏人」。

③「儉」字，據《廣記》卷一一九、《勸善書》卷十七增入。

④「有恨言」，《廣記》作「具言取之」，《勸善書》則作「曰：我爲鬼而有知，不捨爾也。」

按：本事全取自崔鴻《十六國春秋·前涼錄》也。

12.宋元嘉中，李龍等夜行劫掠。于時丹陽陶繼之爲秣陵縣令，微密尋捕，遂擒龍等。龍所引①一人是太樂妓，忘其姓名。劫發之夜，此妓攜②同伴往就人宿，共奏音聲。陶不詳審，爲作款引③，隨例申④上。及所宿主人士貴賓客，並相明證。陶知枉濫，但以文書已行，不欲自爲通塞⑤，遂幷諸劫十人，於郡門斬之。此妓聲藝精能⑥，又殊辯慧。將死之日，親鄰知識⑦看者甚衆。妓曰：「我雖賤隸，少懷慕善，未嘗爲非，實不作劫。陶令已當具知，枉見殺害。若死無鬼則已，有鬼必自⑧陳訴。」因彈琵琶，歌曲⑨而就死。衆知其枉，莫不殞泣。〔經〕⑩月餘日，陶遂夜夢妓來至案前，云：「昔枉見殺，實所不分⑪；訴天得理，今故取君。」便入⑫陶口，仍⑬落腹中。陶即驚寤，俄而倒絶，狀若風顛⑭，良久方醒。有時而發，〔發〕輒⑮夭矯⑯頭反著背，四日而亡。亡後家便貧頓，一⑰兒早死，餘有一孫，窮寒路次。（《法苑珠林》卷八四）

①引，援引、牽連。

②「擕」，原作「推」，今據敦煌本校改，《廣記》卷一一九、《勸善書》卷十七，並作「與」。

③「引」，原作「列」，今據敦煌本、《廣記》卷一一九校改。款引，罪人所吐情實也。

④「申」，原作「車」，今據敦煌本、《廣記》卷一一九、《勸善書》卷十七校改。申，陳告。

⑤自爲通塞，猶言前後不一致，自相矛盾。

⑥「聲藝精能」，敦煌本作「善聲藝能」。

⑦知識，謂朋友也。

⑧必自，必定。自字係做爲擴充音節的虛語素，無意義。

⑨「歌曲」，《廣記》卷一一九作「歌數曲」，《勸善書》卷十七作「數曲」。

⑩「經」字，據敦煌本、《廣記》卷一一九、《勸善書》卷十七校補。

⑪「分」，《廣記》卷一一九作「忿」。按：分、忿通用。不分，猶言不滿、不服氣。

⑫「入」，敦煌本、《廣記》卷一一九，並作「跳入」。

⑬「仍」，《廣記》卷一一九作「乃」。按：仍、乃通用，因也。

⑭「顛」，敦煌本作「瘨」，《廣記》卷一一九、《勸善書》卷十七並作「癲」。按：顛、瘨、癲，三字通用。風顛，謂性理顛倒失常也。

⑮「發」字，據敦煌本、《廣記》卷一一九、《勸善書》卷十七增補。

⑯夭矯，屈曲也。

⑰「一」，敦煌本、《廣記》卷一一九，並作「三」。

按：本事原見《六帖事類集》卷廿三、《御覽》卷四〇六、《廣記》卷三二三引祖沖之《述異記》，文字稍簡略，唯末段多出更取王丹陽命之情節。

13.宋泰始①元年，江州長史鄧琬②立刺史晉安王子勛③爲帝以作亂。初南郡太守張悅④得罪，鎖⑤歸揚都，及湓口⑥，琬赦之，以爲冠軍將軍⑦，與共經紀軍事。琬前軍袁顗⑧既敗，張悅懼誅，乃稱⑨暴疾，伏甲而召鄧琬。既至，謂之曰：「卿首唱此謀，今事忽⑩矣，計將安出？」琬曰：「斬晉安王以待王師，或以得免。」悅怒曰〕⑪：「卿始此禍，而欲賣罪少帝乎？」命斬於牀前，幷殺其子，以琬頭〔降〕。⑫至五年，悅寢疾，見琬爲厲，遂死。（《法苑珠林》卷八四）

①「泰始」，原作「秦初」，今據敦煌本、《廣記》卷一一九校改。

②鄧琬，字元琰，豫章南昌人。《宋書》卷八四、《南史》卷四十有傳。

③劉子勛，字孝德，宋武帝第三子。大明四年（西元四六〇年），年五歲，封晉安王。《宋書》卷八十、《南史》卷十四有傳。

④張悅，吳郡吳人。生平附見《宋書》卷四六〈張郡傳〉、卷五九〈張暢傳〉，《南史》卷卅二亦載〈張郡傳〉末。

⑤「鎖」，原作「鎮」，今據《廣記》卷一一九校改。

⑥湓口，在江西省九江縣西，當湓水入長江之口，故名。

⑦據《宋書》卷八四〈鄧琬傳〉云：「……琬稱子勛命，釋其桎梏，迎以所乘之車，以爲司馬，加征虜將軍；加琬冠軍將軍，二人共掌內外衆事。」然則此處當改作「征虜將軍」也。

⑧袁顗，字國章，陳郡陽夏人。《宋書》卷八四、《南史》卷廿六有傳。

⑨「稱」，敦煌本作「僞稱」。

⑩「忽」,《廣記》卷一一九作「急」,是也。

⑪「卿首唱此謀」至「悅怒曰」一段,據敦煌本增入。《廣記》卷一一九亦有此段,文字大同小異。

⑫「降」字,據敦煌本、《廣記》卷一一九增補。

14.齊①豫章王蕭嶷②亡後,忽見形於沈文季③曰:「我病未應死,皇太子④加膏中十一種藥,使我〔癃〕⑤不差;湯中復加藥一種,使我痢不斷。吾已訴先〔帝,帝〕⑥許還東邸⑦,當判此事。」便懷⑧出青紙文書示文季云:「與卿少舊,爲呈主上也。」俄而失所在。文季懼,不敢傳,少時文惠太子薨。⑨(《法苑珠林》卷八四)

①「齊」,原作「宋濟」,今據敦煌本校改。

②蕭嶷,字宣儼,齊高帝第二子,建元元年(西元四七九年)夏六月封豫章王。武帝永明十年(四九二年)夏四月薨。《南齊書》卷廿二、《南史》卷四二有傳。

③沈文季,字仲達,吳興武康人。《南齊書》卷四四、《南史》卷卅七有傳。

④皇太子,謂文惠太子長懋也。

⑤「癃」字,據《南史》卷四二〈豫章文獻王嶷傳〉補入。

⑥「帝帝」二字，據敦煌本及《南史》卷四二增補。

⑦「邸」，原作「郄」，今據《南史》卷四二校改。敦煌本作「郊」，不確。

⑧敦煌本「懷」下有「中」字；《南史》卷四二作「胸中」。

⑨按《南齊書》卷三〈武帝本紀〉、卷廿一〈文惠太子傳〉，永明十一年春正月皇太子薨，時年三十六。

按：本則所載，唐初李延壽撰《南史》，取之以入〈豫章文獻王嶷傳〉，文字大同小異。

15. 魏城陽王元徽①初爲孝莊帝畫計殺爾朱榮②。及爾朱兆入洛害孝莊③，而徽懼，走投洛陽令寇祖仁④。祖仁父叔兄弟三人爲刺史，皆徽之力也⑤。既而爾朱兆購徽萬戶侯⑥，祖仁遂斬徽送之，幷匿其金百斤、馬五十疋。及兆得徽首，亦不賞侯。兆乃夢徽曰：「我金二百斤、馬百疋，在祖仁家，卿可取也。」兆覺曰：「城陽家本巨富，昨令收捕，全無金銀，此夢或實。」至曉，即令收祖仁。祖仁又見徽曰：「足得⑦相報矣。」祖仁欵⑧得金百斤、馬五十疋，兆不信之。祖仁私斂戚屬，得金三十斤，馬三十疋輸兆，猶不充數。兆乃發怒，懸頭於樹，以石硾⑨其足，鞭捶殺之。⑩（《法苑珠林》卷八四）

①元徽，字顯順，魏景穆皇帝元晃之曾孫。生平附見《魏書》卷十九下〈城陽王傳〉、《北

史》卷十八〈景穆十二王傳下〉。

②據《魏書》卷十〈孝莊紀〉，永安三年（西元五三〇年）九月，帝殺爾朱榮於明光殿。

③據《魏書》卷十〈孝莊紀〉，永安三年十二月爾朱兆入洛，遷孝莊於晉陽，隨即弒之。

④「洛陽令」，《洛陽伽藍記》（以下簡稱「伽藍記」）卷四、《廣記》卷一二七引《伽藍記》及《還冤記》、《資治通鑑》（以下簡稱「通鑑」）卷一五四〈梁紀〉十，並作「前洛陽令」。按《魏書》卷十九下、卷四二，《北史》卷十八，並云元徽走山南，至寇彌宅。司馬光《資治通鑑考異》卷七『魏城陽王徽抵寇祖仁家』一條云：「《魏書》作寇彌。按：寇讚諸孫所字，皆連『祖』字，或者名彌，字祖仁。」其說蓋是。

⑤「祖仁父叔兄弟……」一段，《伽藍記》卷四作「祖仁一門三刺史，皆是徽之將校，少有舊恩，故祖仁投之。」

⑥「萬戶侯」，《伽藍記》卷四作「千戶侯」，《通鑑》卷一五四，亦從《伽藍記》云。

⑦足得，同義複詞，能夠也。《說文通訓定聲》需部第八云：「足，假借爲浞。……《禮記·禮器》：『百官皆足。』注：『（足），猶得也』。」

⑧「欸」，原作「疑」，今據敦煌本及百卷本《珠林》卷六七校改。按：欸，款之俗字，謂自輸情實也。

⑨硾、搥通用，擣也。

⑩按：《魏書》卷四二謂彌後沒於關西，與此不同。

16. 漢竇嬰，字王孫，漢孝文帝竇皇后從兄子也。封魏其侯，爲丞相，後乃免相①。及竇皇后崩②，嬰益疏薄無勢，黜③不得志。與太僕灌夫④相引薦，交結甚⑤歡，恨相知之晚乎。孝景帝王皇后異父同母弟田蚡爲丞相，親幸縱横⑥，使人就嬰求城南田數頃。嬰不與，曰：「老僕雖棄，丞相雖貴，寧可以勢相奪乎？」灌夫亦助怒之。蚡皆恨之。及蚡娶妻⑦，王太后詔列侯宗室皆往賀蚡。灌夫爲人狂酒，先嘗⑧以醉忤蚡，不肯賀之。竇嬰強與俱去。酒酣，灌夫行酒至蚡，蚡曰：「不能滿觴。」灌夫因言辭不遜，蚡遂怒曰：「此吾驕灌夫之罪也。」乃縛灌夫，謂長史曰：「有詔召宗室，而灌夫罵，坐不敬。」幷奏其在鄉里豪横⑨。處夫棄市。竇嬰還，謂其妻曰：「終不令灌夫獨死，而嬰獨生。」乃上事⑩，具陳灌夫醉飽事，不足誅。帝召見之。嬰與蚡互相言短長。帝問朝臣：「兩人誰是？」朝臣多言嬰是⑪。王太后聞，怒而不食，曰：「我在，人皆凌籍⑫吾弟；我百歲後，當魚肉之乎⑬？」及出，蚡復爲嬰造作惡語，用以聞上。天子亦以蚡爲不直，特爲太后故，論嬰棄⑭市。嬰臨死，罵曰：「若死無知則已，有知，要不獨死！」後月餘，蚡病，一身盡痛，若有打擊之者，但號呼，叩頭謝罪。天子使視⑮鬼者瞻之，見竇嬰、灌夫共守笞蚡。蚡遂死⑯。天子亦夢見嬰而謝之⑰。（《法苑珠林》卷八七）

①據《史記》卷一〇七〈魏其武安侯列傳〉，竇嬰於漢武帝建元二年（西元前一三九年）被免丞相職務，以侯家居。《漢書》卷六〈武帝紀〉繫於二年冬十月。

②《史記》卷一〇七云：「建元六年，竇太后崩。」《漢書》卷六云：「六年…五月丁亥，太皇太后崩。」

③「黜」，《史記》卷一〇七作「默默」、《漢書》卷五二〈竇田灌韓傳〉作「墨墨」。

④灌夫，字仲孺，潁陰人。武帝建元元年，入爲太僕。數歲，坐法免官，家居長安。事載《史記》卷一〇七、《漢書》卷五二本傳。

⑤「甚」，原作「其」，今據《勸善書》卷十七校改。

⑥縱橫者，恣其心意，任其自由也。

⑦《史記》卷一〇七云：「元光四年（前一三一年）……夏，丞相取燕王女爲夫人。」《索隱》云：「蚡娶燕王劉澤子康王嘉之女也。」

⑧「嘗」，原作「當」，今據百卷本《珠林》卷七十、《勸善書》卷十七校改。

⑨《史記》卷一〇七云：「（灌）夫不喜文學，好任俠，已然諾。諸所與交通，無非豪傑大猾。家累數千萬，……宗族賓客爲權利，橫於潁川。」

⑩「事」，《勸善書》卷十七作「書」。

⑪據《史記》卷一〇七所載，御史大夫韓安國兩是之，主爵都尉汲黯是灌嬰，內史鄭當時亦是嬰，後不敢堅對。

⑫籍，借爲藉字。凌藉，欺凌也。

⑬「乎」，原作「中」，今據《漢書》卷五二、《前漢紀》卷十一、《通鑑》卷十八校改；《勸善書》卷十七作「邪」。

⑭「棄」，原作「及」，今據《勸善書》卷十七校改。按：《史記》卷一〇七謂灌嬰於元光五年（前一三〇年）十二月，棄市渭城。《漢書》卷五二，記載相同。《漢書》卷六，云四年冬；《前漢紀》卷十一，繫之於四年冬十有二月。蓋武帝太初之前，並依秦法，以十月爲歲首，因而造成混亂。

⑮「視」，原作「祝」，今依《史記》卷一〇七、《漢書》卷五二、《古小說鉤沈》本《漢武故事》校改。

⑯《漢書》卷六：「元光四年冬，魏其侯竇嬰有罪，棄市。春三月乙卯，丞相蚡薨。」

⑰「天子亦夢……」一段，《漢武故事》作「上又夢竇嬰謝上，屬之。上於是頗信鬼神事。」

17.晉大將軍王敦枉害刁玄亮①。及敦入石頭，夢白犬自天下而②噬之。既還姑孰③，遇病，白日見刁乘軺車，道④從吏卒來，仰頭瞋目，乃入攝錄敦。敦大怖，逃不得脫，死⑤。（《法苑珠林》卷八七）

①刁協，字玄亮，渤海饒安（今河北滄縣）人。晉元帝永昌元年（西元三二二年），王敦構逆；四月，協奔至江乘（今江蘇句容附近），為賊所殺，送首於敦。事載《晉事》卷六九本傳。

②「下而」，《晉書》卷九八〈王敦傳〉、《建康實錄》卷六，並作「而下」。

③「孰」，原作「敦」，今據《勸善書》卷十八校改。百卷本《珠林》卷七十作「熟」。

按：姑孰城，東晉時始置，在今安徽省當塗縣。

④「道」，《晉書》卷九八、百卷本《珠林》卷七十、《建康實錄》卷六、《勸善書》卷十八，並作「導」。按：道、導通用。

⑤「死」，《勸善書》卷十八作「遂死」。

18.河間國①兵張龠②、經曠二人，相與諧善。晉太元十四年五月五日，共升鍾嶺③，坐于山椒。麁酗酒失性④，拔刀斬曠。曠母爾夕夢曠⑤，自說爲麁所殺，投屍澗中，脫褌⑥覆腹，尋覓之時，必難可得。當令褌⑦飛起以示處也。明晨追捕，一如所言。麁知事露，欲規叛逸⑧，出門輒見曠手執雙刀，來擬⑨其面，遂不得去。母其告官，麁以伏辜。（《法苑珠林》卷八七）

①河間國，漢置，在河北省河間縣附近。

②「麁」，原作「鹿」，今據百卷本《珠林》卷七十校改，《廣記》一一九、《勸善書》卷十七，並作「麤」。按：麁，麤之俗字。

③鍾嶺，鍾山，在江寧府（今南京）城東北朝陽門外，山周迴六十里，高一千五百餘尺。

④「性」，原作「色」，今據《廣記》卷一一九、《勸善書》卷十七校改。

⑤「母爾夕夢曠」，《廣記》卷一一九作「託夢於母」，《勸善書》十七作「是夜託夢於母」。按：爾夕，是夜、此夜也。

⑥「褌」，《廣記》卷一一九、《勸善書》十七，並作「裳」。按：褌，褲也。裳，下裙。

⑦同註⑥。

⑧叛逸，逃逸。按：叛，逃也。

⑨「擬」，《勸善書》卷十七作「刺」。按：擬，對準也。

19.晉山陰縣令石密先經①爲御史，枉奏殺典客令②萬默③。密④白日見默來，殺密遂死。⑤（《法苑珠林》卷八七）

①「先經」，《勸善書》卷十七作「嘗」。

②「典客令」，《廣記》卷一一九、《勸善書》卷十七，並作「句容（縣）令」。按：典客，秦官名，掌諸侯及歸義蠻夷。漢改爲鴻臚。晉亦設典客，屬鴻臚。《晉書》卷七八〈孔坦傳〉載坦爲尚書郎，朝廷疑典客令萬默偏助相誣胡人，將加大辟，坦獨不署一事，則作「典客令」，是也。

③「默」，原作「黜」，今據《晉書》卷七八、《廣記》卷一一九、《勸善書》卷十七校改。又「默」字之後，《勸善書》卷十七有：「默臨刑曰：『我無罪，而子枉殺我。幽冥之中，我將圖報也。』言訖就死。」一段文字。

④「密」下，《廣記》卷一一九增「尋」字。

⑤「密白日見默來……」一句。《勸善書》卷十七作：「一日，密忽見默持刀來，令左右急衛己。捍避之際，倉卒而死。」

20.晉大司馬桓溫功業殊盛，負其才力，久懷簒逆。廢晉帝爲海西公①，而立會稽王，是爲簡文帝②。太宰武陵王晞，性尚武事，好犬馬遊獵，溫常忌之，故加罪狀，奏免晞及子綜官③，又逼新蔡王晃④，使列晞、綜及前著作郎殷涓、太宰長史庾倩⑤等謀反，頻請殺之。詔特赦晞父子，乃徙新安⑥。殷⑦父浩先爲溫所廢，涓頗有氣尙，遂不詣溫，而與晞遊，溫乃疑之；庾倩⑧坐有才望，且宗族甚強，所以並致極法。簡文尋崩，而皇太子立⑨，遺詔委政於溫，依諸葛亮、王導⑩舊事。溫大怨望，以爲失權，僭逼愈甚。後謁簡文高平陵⑪，方欲伏，見帝在墳前，舉體莫⑫衣，語溫云：「家國不造⑬，委任失所。」溫答：「臣不敢，臣不敢。」既登車，爲左右說之。又問殷涓形狀，答以肥短。溫云：「向亦見在帝側。」十餘日便病，因此憂懣而死。⑭（《法苑珠林》卷八七）

①晉廢帝諱奕，字延齡，成帝子，哀帝之母弟。興寧三年（西元三六五年）二月，即皇帝位。太和六年（三七一年）十一月，桓溫使散騎侍郎劉享收帝璽綬。咸安二年（三七二年）正月，降封爲海西縣公。事詳《晉書》卷八〈海西公紀〉。

②簡文帝諱昱，字道萬，元帝之少子。成帝咸和二年（三二八年）十二月，封會稽王。及廢帝被廢，崇德太后詔之以統皇極。咸安元年（三七一年）冬十一月己酉，即皇帝位。詳《晉書》卷九〈簡文帝紀〉。

③武陵王晞，字道叔，元帝子，太興元年（三一八年）受封。及簡文帝即位，桓溫乃奏表

免其官。事載《晉書》卷六四〈元四王傳〉之三。

④新蔡王晃，新蔡莊王確之後，見《晉書》卷三七。

⑤「倩」，原作「清」，今據《世說新語·雅量》注引《中興書》、〈賞譽〉注引徐廣《晉記》，以及《晉書》卷六四、卷七三、卷七七、卷九八校改。按：倩字少彥，司空庾冰子，有才具，仕至太宰長史。

⑥新安，郡名，晉置，在今安徽省歙縣。

⑦「殷」，原作「殺」，今據百卷本《珠林》卷七十校改。

⑧「倩」，原作「乃請」，《勸善書》卷十五作「清」，並誤，今參考注⑤校改。

⑨孝武帝諱曜，字昌明，簡文帝第三子。哀帝興寧三年（三六五年），封會稽王。咸安二年（三七二年）七月，立爲皇太子，同日即皇帝位。

⑩「導」，原作「遵」，今據《晉書》卷九、卷九八、《建康實錄》卷八、卷九、《勸善書》卷十五校改。

⑪《建康實錄》卷八：「高平陵，在今縣城東北十五里，鍾山之陽，不起墳。」

⑫「莫」，《勸善書》卷十五作「黃」。

⑬不造，不幸也。

⑭《晉書》卷九〈孝武帝紀〉：寧康元年（三七三年）二月，大司馬桓溫來朝。秋七月己亥，南郡公桓溫薨。

21. 秦姚萇字景茂，赤亭①羌也。父弋仲，事石勒。石氏既滅，萇隨其兄襄與苻永固②戰於三原③。軍敗，襄死，萇乃降永固，即受祿位，累加爵邑。及轉龍驤將軍，督梁、益州諸軍事，永固謂之曰：「朕昔以龍驤建業，此號未曾假④人，今持山南⑤委卿，故特以相授。」其蒙寵任優隆如此。後隨永固子叡討慕容泓，爲泓所敗，叡獨死之。萇遣長史⑥詣永固謝罪，永固怒既甚，即戮其使。萇益恐懼，遂奔西州⑦邀聚士卒而自樹置。永固頻爲慕容沖所敗，沖轉侵逼；永固又見妖怪屢起，遂走五將山⑧。萇即遣驍騎將軍吳忠⑨圍永固。忠執永固以送萇，即日囚之，以求傳國璽及令禪讓。永固不從，數⑩以叛逆之罪。萇遂殺之，遂⑪稱帝。後又掘⑫永固屍，鞭撻無數，裸剝衣裳，薦之以棘，掘坎埋之。及萇遇疾，即夢永固將天官使者及鬼兵數百，突入營中。萇甚悚愕，走入後帳⑬，宮人逆來刺鬼，悞⑭中萇陰，鬼即相謂曰：「正著死所。」⑮拔去矛刃，出血石餘。忽然驚寤，即患陰腫。令醫刺之，流血如夢。又狂言曰：「殺陛下者臣兄襄耳，非臣萇罪，願不賜枉⑯。」後三日萇死。（《法苑珠林》卷八七）

①赤亭，在今甘肅省隴西縣西。

②苻堅，字永固，略陽郡臨渭縣（在今甘肅省秦安縣東南）氐人。

③三原，在今陝西省高陵縣西北。

④假，給與。

⑤山南，謂太華、終南山以南之地。

⑥按：《晉書》卷一一六〈姚萇傳〉、《十六國春秋輯補》卷五十〈後秦錄〉二，並謂係龍驤長史趙都。

⑦西州，泛謂西方之土地。按：《晉書》、《十六國春秋輯補》並謂萇奔於渭北，遂如馬牧，西州豪族多歸之，推爲盟主。馬牧在今山東省茌平縣，縣西南地名牛叢塊，相傳是石勒舊耕處。然則此處云萇「奔西州」，不確。

⑧五將山，在陝西省岐山縣東北。按：苻堅走入五將山，當受讖書記載及民間歌謠之預言所影響。詳見《晉書》卷一一四〈苻堅下〉及《魏書》卷九五〈臨渭氐苻健傳〉附苻堅傳記。

⑨「忠」，原作「中」，今據《晉書》卷一一四、《魏書》卷九五、《十六國春秋輯補》卷五十校改，後同。

⑩數，責讓也。
⑪「遂」，敦煌本作「而自」。
⑫「掘」，原作「相」，今從敦煌本、百卷本《珠林》卷七十校改。
⑬「後帳」，敦煌本作「後宮」，《魏書》卷九五、《北史》卷九三並同。
⑭悞，同誤字。
⑮「正著死所」，敦煌本作「正著死處」；《晉書》卷一一六、《魏書》卷九五、《北史》卷九三、《十六國春秋輯補》卷五十，並作「正中死處」。按：著，猶中也。
⑯「賜枉」，《晉書》卷一一六、《魏書》卷九五、《十六國春秋輯補》卷五十，並作「枉臣」；《北史》卷九三，則作「枉法」。
按：本事原見《御覽》卷四〇〇引祖沖之《述異記》，文字較簡略，當係經類書編者刪削使然。

22. 李雄①既王於蜀，其第四子期，〔又次自立；期〕②從叔壽襲期，而廢爲邛都公，尋復殺之③，而壽自立。壽性素凶狠猜忌，僕射蔡興④等以正直忤旨，遂誅之。無幾壽病，恆見李期、蔡興而爲祟，嘔血而死。（《法苑珠林》卷八七）

①「李雄」之上，原有「秦」字，今據敦煌本刪。按：《魏書》卷九六〈李雄傳〉、《十六國春秋輯補》卷七七〈蜀錄二·李雄傳〉，雄於晉惠帝光熙元年（西元三〇六年）六月僭

即帝位，號大成。「秦」，疑爲「成」之訛。

②「又次自立：期」五字，據敦煌本增補。按：敦煌本原作「立季爲嗣，又次自立：期」。唯據《華陽國志》卷九、《晉書》卷一二一、《魏書》卷九六，李雄立其兄蕩第四子班爲繼承人；班在位一年，爲雄子越所殺，雄第四子期乃自立。今爲減少繁瑣，故省略「立季爲嗣」四字。

③據《晉書》卷一二一、《魏書》卷九六、《十六國春秋輯補》卷七八，並謂壽廢期爲邛都（縣）公，幽之別宮，期遂自殺。《華陽國志》卷九，則云壽初廢期，後乃殺之。《晉書》卷七〈成帝紀〉，亦謂壽弒李期，僭即帝位。

④「興」，原作「射」，今據敦煌本校改，下同。按：《晉書》卷一二一、《魏書》卷九六、《十六國春秋輯補》卷七九，並謂尙書左僕射蔡興直言切諫，壽以爲誹謗，誅之。右僕射李嶷，數以直言忤旨，壽積忿非一，託以他罪，下獄殺之。

23.宋高平金鄉①張超，（先）②與同縣翟願不和。願以宋元嘉中爲方與③令，忽爲人所殺，咸疑是超。超後除金鄉④縣職⑤，解官⑥還家，入山伐林⑦。翟⑧兄子銅烏，執弓持矢，并賫酒醴，就山貺⑨之。斟酌已畢，銅烏曰：「明府昔害民⑩叔，無緣⑪同戴天日。」引弓射之，即死。銅烏其夜見超云：「我不殺汝叔，枉

見殘害，今已上訴⑬，故來相報。」引刀刺之，吐血而死。（《法苑珠林》卷八七）⑫

①《宋書》卷三五〈州郡志〉一謂晉武帝泰始元年（西元二六五年），更改山陽郡爲高平郡，領高平、方與、金鄉等六縣。金鄉，在今山東省濟寧縣西南。

②「先」字，據敦煌本、《廣記》卷一一九增補。

③方與縣，在今山東省魚臺縣之北。

④「後除金鄉」，原作「金鄉後除」，今據敦煌本、《廣記》卷一一九乙正。

⑤「縣職」，《廣記》卷一一九作「縣令」，《勸善書》卷十七作「令」。

⑥敦煌本無「官」字，《廣記》卷一一九、《勸善書》卷十七，則作「職」。

⑦「伐林」，敦煌本、《廣記》卷一一九、《勸善書》、卷十七，並作「伐材」。

⑧「翟」下，敦煌本增「願」字。

⑨「睨」，《廣記》卷一一九作「餽」。

⑩「民」，敦煌本、《廣記》卷一一九、《勸善書》卷十七，並作「我」。

⑪無緣，猶無從、無由也。敦煌本此處作「無容」，亦可通。

⑫「枉」，敦煌本、《廣記》卷一一九、《勸善書》卷十七，並作「橫」。

⑬「上訴」下，敦煌本有「天帝」二字。

24.宋下邳張稗①者，家世冠族，末葉衰微。有孫女姝好美色②，鄰人求娉③爲妾。稗以舊門之後，恥而不許。鄰人忿之，乃焚其屋，稗遂燒死。其息④邦先行不在，後還，亦⑤知情狀，而畏憐人之勢，又貪其財，而⑥不言⑦，嫁女與之。後經一年，邦夢見稗曰：「汝爲兒子，逆天不孝，棄親就〔怨〕⑧，潛⑨同兇黨。」便捉邦頭，以手中桃杖刺之，邦因病，兩宿，嘔血而死。邦死之日，鄰人又見稗排門⑩直入，張目攘袂曰：「君恃貴⑪縱惡，酷暴之甚，枉見殺害。我已上訴⑫，事獲申雪，卻後⑬數日，令君知之。」鄰人得病，尋亦殂⑭歿。（《法苑珠林》卷八七）

①下邳，郡名，在今江蘇省宿遷縣東南。「稗」，百卷本《珠林》卷七十、《廣記》卷一二〇、《勸善書》卷十八，並作「裨」。以下同。

②「姝好美色」，敦煌本作「殊好色貌」，《廣記》卷一二〇作「殊有姿貌」。

③「娉」，敦煌本同，《廣記》卷一二〇作「聘」。按：娉，假借爲聘。

④息，兒子也。

⑤「亦」，敦煌本作「尋亦」。

⑥「而」，敦煌本作「匿而」。

⑦「不言」下，原有「與之」二字，今據敦煌本、百卷本《珠林》卷七十、《廣記》卷一二〇刪。

⑧「怨」字，據敦煌本、《廣記》卷一二〇增補，百卷本《珠林》卷七十作「疏」。

⑨「潛」，原作「僭」，今據敦煌本、《廣記》卷一二〇校改。按：潛者，秘謀從事，不爲人知也。

⑩「門」，《廣記》卷一二〇作「門戶」，《勸善書》卷十八作「戶」。

⑪「貴」，《廣記》卷一二〇作「勢」。

⑫「上訴」，敦煌本作「上訴天帝」，《勸善書》卷十八作「訴天」。

⑬卻後，過後、往後之意。

⑭「殂」，敦煌本作「殞」，《廣記》卷一二〇作「隕」。

25.宋世永康①人呂慶祖，家甚溫②富。嘗③使一奴名教子，守視墅舍。以元嘉中慶祖自④往案行，忽爲人所殺。族弟無期先大舉⑤慶祖錢，咸謂爲害。無期賫羊酒脯⑦至柩所而咒曰：「君荼酷如此，乃云是我。魂而有靈，使知其主⑧。」既還，至三更，見慶祖來云：「近履行⑨，見教子畦疇不理⑩，許當⑪痛治奴。奴遂以斧斫我背，將帽塞口，因得齧奴三指，悉皆破碎。便取刀刺我頸，曳著後門。初見殺時，諸從行人亦在其中。奴今欲叛⑫，我已釘其頭著壁。」言畢而滅。無期早旦⑬以告其父母。潛視奴所住壁，果有一把髮，以竹釘之，又看其指，並見破傷。錄⑭奴詰驗，臣伏⑮。又問：「汝既反逆，何以不叛？」奴云：「頭如被繫，欲逃不得。」諸同見者，事事相符，即焚⑯教子幷其二息。（《法苑珠林》卷八七）

①永康，縣名，三國吳置，屬會稽郡。
②「溫」，《廣記》一二七作「殷」。按：溫富者，溫飽富足之謂也。
③「嘗」，原作「當」，據《勸善書》卷十八校改，《廣記》卷一二七作「常」。按：常，假借爲嘗。
④「慶祖自」，原作「便」，今據敦煌本、《廣記》卷一二七校改。
⑤「大舉」，《廣記》卷一二七作「貸舉」，《勸善書》卷十八作「貸」
⑥「無期」下，敦煌本、《廣記》卷一二七，並有「便」字。
⑦「脯」，原作「晡」，今據敦煌本、百卷本《珠林》卷七十、《廣記》卷一二七、《勸善書》卷十八校改。
⑧「主」，原作「至」，今據敦煌本、百卷本《珠林》卷七十、《廣記》卷一二七、《勸善

書》卷十八校改。

⑨「履行」下，敦煌本多一「田」字。

⑩理者，治也。不理，謂任其荒蕪。疑原作「治」，因避唐高宗名諱而改。

⑪原文重「許當」二字，今據敦煌本、百卷本《珠林》卷七十、《廣記》卷一一二七、《勸善書》卷十八删。按：許當，準備、打算之意。

⑫叛，逃跑。

⑬「早旦」，敦煌本作「拂旦」，《勸善書》卷十八作「明旦」。

⑭錄，收也。

⑮「臣伏」，敦煌本作「臣服」，《廣記》卷一一二七作「承伏」。按：伏、服通用，謂俯首認罪也。

⑯「焚」，敦煌本作「生焚」。

26.宋高祖平桓玄後，以劉毅①爲撫軍將軍、荆州刺史。到州，便收牛牧寺②僧主，云藏桓家兒，度爲沙彌，并殺四道人③。後夜，夢見此僧來云：「君何以枉見殺貧道④？貧道已白⑤於天帝，恐君亦不得久。」因遂得病，不食，日彌⑥羸瘦。當發揚都時，多有諍⑦競，侵陵⑧宰輔。宋高祖因遣人征之。毅敗，夜單騎突⑨出，投牛牧寺。僧白⑩：「撫軍昔枉殺我師。我道人自無執仇⑪之理，然何宜來此？亡師屢有靈驗，云天帝當收撫軍於寺殺之。」毅便歎咤，出寺後崗上大樹，自縊而死也。⑫（《法苑珠林》卷九一）

①劉毅字希樂，彭城沛人。晉安帝時，桓玄篡位，毅與劉裕等起義兵。以功拜撫軍將軍，義熙二年（西元四〇六年）十月，封南平郡公；八年秋，加荊州刺史。事載《晉書》卷八五本傳。

②「牛牧寺」，《建康實錄》卷十，同；《廣記》卷一二六、《勸善書》卷十七，並作「牧牛寺」，後同。《建康實錄》謂寺在江陵北二十里。

③晉、宋間佛教初行，通稱僧徒曰道人。

④晉、宋間僧徒，自稱曰貧道，蓋謙遜之意也。

⑤「白」，《勸善書》卷十七作「訴」。

⑥「彌」，原作「爾」，今據《廣記》卷一二六、《勸善書》卷十七校改。按：彌，益也。

⑦「諍」，《廣記》卷一二六、《勸善書》卷十七，並作「爭」。按：諍、爭通用。

⑧「陵」，《廣記》卷一二六、《勸善書》卷十七，並作「凌」。按：陵、凌通用。

⑨突，衝也。

⑩「白」，敦煌本、《廣記》卷一二六、《勸善書》卷十七，並作「曰」。

⑪「執仇」，《廣記》卷一二六作「報仇」。

⑫《晉書》卷十〈安帝紀〉：義熙八年九月，毅自殺。

27. 漢世何敞①爲交阯刺史，行部②到蒼梧郡高要縣③，暮宿鵠奔亭④。夜猶未半，有一女子從樓下出，自云：「妾姓蘇名娥，字始珠，本廣信縣⑤修里人。早失父母，又無兄弟，夫亦久亡⑥，有雜繒百二十疋，及婢一人，名致富。妾孤窮羸弱，不能自振⑦，欲往傍縣賣繒。就同縣人王伯賃車牛⑧一乘，直⑨錢萬二千，載妾幷繒，令致富執轡。乃以前年四月十日，到此亭外。于時日暮，行人既絕，不敢前行，因即留止。致富暴得腹痛，妾往亭長舍乞漿取火。亭長龔壽操刀持戟，來至車傍，問妾曰：『夫人從何所來？車上何載？丈夫安在？何故獨行？』妾應之曰：『何故⑩問之？』壽因捉妾臂曰：『少⑪愛有色，寧可⑫相樂耶？』妾時怖懼，不肯聽從。壽即以刀刺脅，一創立死；又殺致富。壽掘樓下，埋妾幷婢，取財物去，殺牛燒車，車釭及牛骨貯⑬亭東空井中。妾死痛酷，無所告訴，故來自歸⑭於明使君⑮。」敞曰：「今欲發汝屍骸，以何爲驗？」女子曰：「妾上下皆著白衣，青絲履猶未朽也。」掘之，果然。敞乃遣吏捕壽，拷問具服⑯；下廣信縣驗問，與娥語同。收壽父母兄弟，皆繫獄。敞表：「壽殺人，於常律不至族誅。但壽爲惡隱密經年，王法所不能得；鬼神〔自〕⑰訴，千載無一，請皆斬之，以助陰教⑱。」上報，聽⑲之。（《法苑珠林》卷九二）

①通行本《搜神記》卷十六云：九江何敞。《北堂書鈔》卷七三引謝承《後漢書》云：吳郡周敞。《文選》卷三九江淹〈詣建平王上書〉李善注、《御覽》卷一九四引謝承《後漢書》，亦云：刺史周敞。然則此人非《後漢書》卷四三之扶風何敞（字文高），可知。

②漢制，刺史常以八月巡行所部，錄囚考殿最，謂之行部。

③高要縣，在今廣東省德慶縣東，地瀕西江北岸。

④鵠奔亭，《文選》卷三九江淹〈詣建平王上書〉李善注引謝承《後漢書》作「鵠巢亭」，並引《列異傳》，謂作「鵠奔亭」。《搜神記》卷十六、《水經注》卷三七、《太平寰宇記》（以下簡稱《寰宇記》）卷一五九、《輿地紀勝》卷九六，並云「鵠奔亭」。《寰宇記》卷一五九「鵠奔亭」條末云：「初掘時，有雙鵠奔其亭，故曰鵠奔亭。」

⑤按：《漢書》卷二八下〈地理志〉，蒼梧郡領縣十，有廣信、高要等。

⑥「夫亦久亡」，《御覽》卷八八四引《搜神記》作「嫁與同縣施氏，薄命先死」。

⑦振，舉救、賑濟。

⑧車牛，運載所用的車與牛。

⑨直，値也。

⑩「何故」，《廣記》卷一二七、《勸善書》卷十七，並作「何勞」。

⑪「少」，《御覽》卷八八四引《搜神記》作「年少」。

⑫寧可，寧願也。

⑬「貯」，《廣記》卷一二七、《勸善書》卷十七，並作「投」。

⑭「自歸」，《廣記》卷一二七作「告」，《勸善書》卷十七作「訴」。按：自歸，獨自訴也。

⑮使君者，漢代州郡長官之通稱也。

⑯具服，通通承認。

⑰「自」字，據《廣記》卷一二七校補。《寰宇記》卷一五九引《搜神記》，亦有「自」字。《勸善書》卷十七作「告」。

⑱「教」，原作「誅」，今據《御覽》卷八八四、《寰宇記》卷一五九、《輿地紀勝》卷九六引《搜神記》校改。《搜神記》本句作「以明鬼神，以助陰教」，語意較完足。

⑲「聽」，原作「德」，今據百卷本《珠林》卷七四、《廣記》卷一二七、《勸善書》卷十七

校改。按：聽，聽任、聽從也。

按：本事首載《文選》卷三九、《御覽》卷一九四引《列異傳》，極爲簡略。通行本干寶《搜神記》卷十六載此事，文字甚詳，當爲顏氏所本。

28.漢時有王忳，字少林①，爲郿縣②令。之縣，到斄③亭。亭常有鬼，數數④殺人。忳宿樓上，夜有女子，稱：「欲訴冤⑤，無衣自蓋⑥。」忳以衣與之，乃進曰：「妾本涪令妻⑦也。欲之官⑧，過此亭宿。亭長殺妾⑨大小十餘口，埋在樓下，奪取衣裳財物。亭長今爲縣門下遊徼⑩。」忳曰：「當爲汝報之，勿復妄殺良善耶⑪！」鬼投⑫衣而去。忳旦收遊徼，詰問，即服。收同謀十餘人，幷殺之。掘取諸喪，歸其家殯葬，亭永清寧。人謠曰：「信哉少林世無偶，飛被走馬與鬼語。」飛被走馬，別爲他事，今所不錄。⑬（《法苑珠林》卷九二）

①王忳，廣漢郡新都縣（今四川省成都縣東北）人。

②郿縣，在陝西省岐山縣東南，渭水南岸。

③「斄」，原作「釐」，今據《華陽國志》卷十中、《後漢書》卷八一〈王忳傳〉校改。《廣記》卷一二七、《勸善書》卷十七，則並作「邰」。按：斄、邰，同音通用。斄亭，在今陝西省武功縣西南。

④數數，屢屢、頻頻。

⑤「冤」，原作「怨」，今據百卷本《珠林》卷七四、《廣記》卷一二七、《勸善書》卷十七校改。按：冤，或作寃，故訛作怨也。

⑥「蓋」，《廣記》卷一二七、《勸善書》卷十七，並作「進」。

⑦「妻」，原作「妾」，今據《廣記》卷一二七、《勸善書》卷十七校改。

⑧「之官」上，原有「往」字，今刪。按：《廣記》卷一二七作「往官」，《勸善書》卷十七作「往官所」。之，即往也，不煩複重。

⑨據《後漢書》卷八一〈王忳傳〉，「妾」下有「家」字，較佳。

⑩《後漢書志》二八〈百官志〉五：「鄉置有秩、三老、游徼。本注曰：游徼掌徼循，禁司姦盜。」按：游、遊通用。

⑪「耶」，《廣記》卷一二七、《勸善書》卷十七，並作「也」。

⑫「投」，原作「捉」，今據百卷本《珠林》卷七四、《廣記》卷一二七、《勸善書》卷十七校改。

⑬所謂「飛被走馬」，即指王忳埋葬京師客舍書生陰德事，詳《御覽》卷四〇三引《益部耆舊傳》、《華陽國志》卷十中、《後漢書》卷八一〈王忳傳〉。

按：本事原載《華陽國志》卷十中、《後漢書》卷八一〈王忳傳〉。三者文字互有詳略，唯出入不多。

29.宋東海徐某甲①，前妻許氏，生一男名鐵臼，而許亡②，某甲改娶陳氏。陳氏凶虐，志滅鐵臼③。陳氏產一男，生而咒之曰：「汝若不除鐵臼，非吾子也。」因名之④曰鐵杵，欲以杵⑤擣鐵臼也。於是捶打鐵臼，備諸苦毒。饑不給食，寒不加絮。某甲性闇弱，又多不在，後妻恣意行其暴酷。鐵臼竟以凍餓病杖而死。時年十六。亡後旬餘，鬼忽還家，登陳⑥牀曰：「我鐵臼也。實無片罪，橫見殘害。我母訴怨於天，今得天曹符來取鐵杵。當令鐵杵疾病，與我遭苦時同。將去自有期日。我今停此待之。」聲如生時。家人賓客，不見其形，皆聞其語。於是恒在屋梁上住。陳氏跪謝搏⑦頰，爲設祭奠，鬼云：「不須如此。餓我令死，豈是一餐所能對謝⑧？」陳〔氏〕⑨夜中竊語道之，鬼厲聲曰：「何敢道我？今當斷汝屋棟。」便聞鋸聲，屑亦隨落，拉然有響，如棟實崩。舉家走出，炳燭照之，亦了無異。鬼又罵鐵杵曰：「汝既殺我，安坐宅上以爲快也！當燒汝屋。」即見火然⑩，煙焰大猛，內外狼狽⑪。俄爾自滅，茅茨儼然，不見虧損。日日罵詈，時復〔歌謠〕⑫，歌云：「桃李華，嚴霜落奈何？桃李子，嚴霜早落已。」聲甚傷切⑬，似是自悼不得成長也。于時鐵杵六歲，鬼至便病，體痛⑭腹⑮大，上氣⑯妨食，鬼屢打之，處處青黶⑰。月餘而死，鬼便寂然。（《法苑珠林》卷九二）

①「徐某甲」，《廣記》卷一二〇、《勸善書》卷十七，並作「徐甲」。按：某甲者，稱人之代辭。

②「許亡」，敦煌本作「許氏云亡」，《廣記》卷一二〇作「許氏亡」。

③「志滅鐵臼」，敦煌本作「志滅前妻之子」，《廣記》卷一二〇作「欲殺前妻之子」。

④「名之」，原作「之名」，今據敦煌本、百卷本《珠林》卷七五、《廣記》卷一二〇、《勸善書》卷十七乙正。

⑤「杵」，敦煌本作「撞」。百卷本《珠林》卷七五作「鍾」，當係「撞」之訛也。

⑥「陳」下，敦煌本、《廣記》卷一二〇，並有「氏」字。

⑦摶，通搏字，拍擊也。

⑧「對謝」，敦煌本、《廣記》卷一二〇，並作「酬謝」。按：酬，答也，對也。

⑨「氏」字，據敦煌本、《廣記》卷一二〇、《勸善書》卷十七增補。

⑩「然」，敦煌本作「燃」。按：然、燃通用。

⑪「狼狽」，《廣記》卷一二〇作「狼籍」。按：狼狽，謂顛倒失措；狼籍，則爲錯亂不整。

⑫「歌謠」二字，據敦煌本、《太平廣記校勘記》（以下簡稱《廣記校勘記》）卷一二〇增補。按：歌謠，猶言唱歌也。

⑬「傷切」，敦煌本作「傷悽切」，《廣記》卷一二〇作「傷悽」。

⑭「痛」，敦煌本作「瘦」。

⑮「腹」，原作「腸」，今據敦煌本、百卷本《珠林》卷七五、《廣記》卷一二〇、《勸善書》卷十七校改。

⑯上氣，逆喘也。

⑰「黝」，《廣記》卷一二〇作「黶」。按：黝、黶聲近，並作黑義解。

30.漢靈帝宋皇后①無寵而居正位，後宮幸姬衆共譖毀。初，中常侍王甫枉誅勃②海王悝③及妃④，妃即后之姑也。甫恐后怨之，乃與大中大夫程何，共搆后執左道⑤咒詛。靈帝信之，遂收后璽綬，后自致暴室⑥，而以憂死⑦。父及兄弟，並被誅⑧。諸常侍小黃門在省閤⑨者，皆憐宋氏無罪⑩。帝後夢見桓帝怒曰：「宋皇后無罪⑪，而聽用邪孽⑫，使絕其命。勃海王悝既已自⑬貶，又受誅斃。今宋后及悝自訴於天，上帝震怒，罪在難救。」夢殊明察⑭。帝既覺而懼，以事問羽林左監許永⑮：「此爲何祥？其可禳⑯乎？」永對以宋后及勃海王無辜之狀，宜並

改葬，以安冤魂，返宋家之徒⑰，復勃海之封，以消災咎⑱。帝弗能用，尋亦崩焉。（《法苑珠林》卷九三）

①宋皇后，扶風平陵人。建寧三年（西元一七〇年），選入掖庭爲貴人。明年，立爲皇后。

②「勃」，原作「敎」，今據百卷本《珠林》卷七六校改。《廣記》卷一一九作「渤」。

③「悝」，原作「慄」，今據百卷本《珠林》卷七六、《廣記》卷一一九校改。

④《後漢書》卷八〈孝靈帝紀〉：熹平元年（一七二年）冬十月，渤海王悝被誣謀反；丁亥，悝及妻子皆自殺。按：王甫誣枉勃海王謀逆事，詳《後漢書》卷五五〈千乘貞王伉傳〉末。

⑤左道，謂邪道巫蠱之屬。

⑥《漢官儀》：「暴室在掖庭內，丞一人，主宮中婦人疾病者。其皇后、貴人有罪，亦就此室也。」

⑦按：收宋皇后璽綬等事，在靈帝光和元年（一七八年）。詳《後漢書》卷十下〈皇后紀〉下。

⑧宋后父名酆，執金吾，封不其鄉侯。

⑨「省閤」，《廣記》卷一一九作「省署」，《後漢書》卷十下作「省闥」。

⑩按《後漢書》卷十下云：「諸常侍、小黃門在省闥者，皆憐宋氏無辜，共合錢物，收葬廢后及酆父子，歸宋氏舊塋臯門亭。」《御覽》卷一三七引司馬彪《續漢書》，並載其事。

⑪「無罪」，《廣記》卷一一九作「何罪過」，《後漢書》卷十下作「有何罪過」。

⑫「邪嬖」，《後漢書》卷十下作「邪孽」。按：嬖，與辟通，邪嬖、邪孽，並謂邪惡之人也。

⑬「自」，原作「之」，今據百卷本《珠林》卷七六、《廣記》卷一一九校改。

⑭察，明也。明白清楚曰明察。

⑮「永」，原作「水」，今據《廣記》卷一一九校改。《後漢書》卷十下，並作「永」。李賢注：「《續漢志》曰：『羽林左監一人，秩六百石，主羽林左騎。右亦如之。』『永』或作『詠』。」

⑯禳，攘除災禍也。

⑰「徙」，原作「徒」，今據《廣記》卷一一九校改。

⑱以上三句，《後漢書》卷十下作「反宋后之徙家，復勃海之先封，以消厥咎」。

按：本事原載《後漢書》卷十下〈皇后紀〉下。其前段，司馬彪《續漢書》遺文亦載之。本則通篇文字，與《後漢書》幾乎完全累同，蓋顏氏採自范書也。

31.魏司馬宣王①功業日隆，又誅魏大將軍曹爽②，簒奪之迹稍彰。王淩③時爲揚州刺史，以魏帝④制於強臣，不堪爲主；楚王彪⑤年長而有才，欲迎立之。兗州刺史〔黃〕⑥華以淩陰謀白宣王。宣王自將中軍討淩，掩然卒至⑦。淩自知勢窮，乃單船出迎宣王⑧。宣王送淩還京師，淩至項城⑨，過賈逵廟⑩側，淩呼曰：「賈梁道，吾固盡心於魏之社稷。唯爾有神知之。」淩遂飲藥死，三族皆誅。其年，宣王有疾，白日見淩來，并賈逵爲祟。因呼〔淩〕⑪字曰：「彥雲，緩我！」宣王身亦有打處，少日遂薨。⑫（《法苑珠林》卷九四）

①司馬懿，字仲達，河內溫縣（在今河南省孟縣東）人。晉國初建，追尊曰宣王。生平詳《晉書》卷一〈宣帝紀〉。

②魏齊王芳嘉平元年（西元二四九年）正月，曹爽兄弟及其黨羽被誅，事詳《三國志》卷九〈曹爽傳〉、《晉書》卷一〈宣帝紀〉。

③「淩」，原作「陵」，今據《三國志》卷二八〈王淩傳〉、《晉書》卷一〈宣帝紀〉校改。下同。

④魏帝，齊王曹芳也。

⑤楚王彪，字朱虎，曹操子，孫姬所生。魏文帝黃初七年（二二六年）封白馬王，明帝太

和六年（二三二年）改封楚王，齊王芳嘉平三年（二五一年）六月，賜死。《三國志》卷二十有傳。

⑥「黃」字，據「三國志」卷二八〈王淩傳〉、《勸善書》卷十七校補。

⑦掩然，猶奄然，疾速貌。卒，假借爲猝，急遽也。

⑧據《三國志》卷二八〈王淩傳〉及《晉書》卷一〈宣帝紀〉，謂淩乘船單出迎宣王，軍到丘頭（高貴鄉公甘露三年，改名武丘，在今河南省沈丘縣東北），淩面縛水次。

⑨「項城」，原作「傾城」，今據《廣記》卷一一九、《勸善書》卷十七校改。《三國志》卷二八〈王淩傳〉及裴松之注引干寶《晉紀》，並作「項」。按：項城，在今河南省沈丘縣西。

⑩賈逵廟，在項城東。詳《水經注》卷二二「潁水」。按《三國志》卷十五〈賈逵傳〉：逵字梁道，河東襄陵（今山西省襄陵縣）人。漢末魏初爲豫州刺史，外修軍旅，內治民事。明帝時，從征吳，病歿。豫州吏民追思之，爲刻石立祠。

⑪「淩」字，據《廣記》卷一一九校補。

⑫《晉書》卷一〈宣帝紀〉：嘉平三年六月，帝寢疾。秋八月，崩於京師，時年七十三。

按：本事原見《御覽》卷九五、卷八八四引《異苑》，內容較簡略，當係經類書編者刪削所致。

《三國志》卷二八〈王淩傳〉裴注引《晉紀》，亦載其事。

32. 支法存①者，本是②胡人，生長廣州，妙善醫術，遂成巨富。有八尺③毾㲪④，作百種形像，光彩曜日⑤；又有沈香八尺板，居常馚馥⑥。王淡⑦為廣州刺史，大兒劭之屢求二物，法存不與。王淡因〔狀法〕⑧存豪縱⑨，殺之而藉沒家財焉。死後形見⑩於府內，輒打閣下⑪鼓，似若稱冤⑫。如此經月。尋王淡得病，恆見法存守之。少時遂亡。劭之至⑭揚都，又死。（《法苑珠林》卷九四）

①「支法存」上，原有「魏」字，敦煌本、《廣記》卷一一九、《勸善書》卷十一，並無，今刪。原因詳註⑦。

②「本是」，敦煌本、《廣記》卷一一九，並作「本自」。按：本自，原本也。自字乃虛語素，用以擴充音節，無意義。

③「尺」，原作「支」，今據敦煌本、《廣記》卷一一九、《勸善書》卷十七校改。《北堂書鈔》（以下簡稱《書鈔》）卷一三四、《珠林》卷四二、《御覽》卷七〇八、卷九八二引《異苑》，亦皆作「尺」。

④「毾㲪」，《廣記》卷一一九、《勸善書》卷十七，並作「毾㲪」。按：毾，毾之俗字。毛縟之細者曰毾㲪。

⑤「日」，《廣記》卷一一九、《勸善書》卷十七，並作「目」。

⑥「紛馥」，敦煌本、百卷本《珠林》卷七七、《廣記》卷一一九、《勸善書》卷十七，並作「芬」。按：芬、紛，並有香義。馥，芳香也。

⑦「淡」，原作「談」，今據《御覽》卷七〇六、卷七〇八引《異苑》校改，下同。按：《御覽》卷七〇八云：「太原王淡爲（廣州）刺史」，與《晉書》卷七五〈王湛傳〉附見王淡之郡望、官職吻合。汪藻《世說叙錄·人名譜》「太原晉陽王氏譜」七世：淡，嶠子，晉右衛將軍、侍中、尙書、廣州刺史。當即其人也。

⑧「狀法」二字，據《廣記》卷一一九校補。

⑨「豪縱」，原作「亮繼」，今據《廣記》卷一一九、《勸善書》卷十七校改；敦煌本作「豪富」。

⑩「形見」，敦煌本、《勸善書》卷十七，並作「見形」。

⑪「閤下」，敦煌本作「衙」。按：閤、衙，並指官署。

⑫「冤」，原作「冤魂」，今據敦煌本、《廣記》卷一一九、《勸善書》卷十七刪「魂」字。

⑬「月尋」，原作「尋月」，今據敦煌本、《廣記》卷一一九文義乙正。

⑭「至」，《廣記》卷一一九作「比至」，《勸善書》卷十七作「還至」。

按：本事原見《書鈔》、《珠林》、《御覽》諸書引《異苑》，其文字較簡略，乃類書編輯者刪削所致。

33.宋沮渠蒙遜①時，有沙門曇摩讖②者，博達多識，爲蒙遜之所信重。魏氏③遣李順④拜蒙遜爲涼王⑤，仍求曇摩讖。蒙遜悋⑥而不與。摩讖意欲入魏，屢從蒙遜請行。蒙遜怒，殺之⑦。既而左右〔常〕⑧白日見摩讖以劍擊蒙遜，因疾而死。⑨（《法苑珠林》卷九六）

①沮渠蒙遜，張掖臨松盧水胡人。晉安帝隆安五年（西元四〇一年），自稱涼州牧，義熙八年（四一二年），即河西王位。

②曇摩讖，或云曇無讖、曇無懺，蓋取梵音不同，中天竺人。精通大小乘經典，明解咒術，後爲沮渠蒙遜所殺。生平詳《高僧傳》卷二。

③魏氏，指魏太武帝拓跋燾也。

④李順，字德正，趙郡平棘（今河北趙縣南）人。博涉經史，有才策。《魏書》卷三六、《北史》卷三三有傳。

⑤《魏書》卷四上〈世祖紀〉：神䴥四年（宋文帝元嘉八年，西元四三一年）九月，詔兼太常李順持節拜河西王沮渠蒙遜爲假節，加侍中，都督涼州及西域羌戎諸軍事、行征西

大將軍、太傅、涼州牧、涼王。

⑥「愘」，敦煌本作「恡」。按：愘、恡，並吝之俗字，惜也。

⑦《高僧傳》卷二：「義和三年（四三三年）三月，讖固請西行，更尋《涅槃》後分。遜忿其欲去，乃密圖害讖，僞以資糧發遣，厚贈寶貨。……比發，遜果遣刺客於路害之。春秋四十九。是歲，宋元嘉十年也。」

⑧「常」字，據敦煌本、百卷本《珠林》卷七九增補。《勸善書》卷十七作「當」。

⑨《魏書》卷九九〈沮渠蒙遜傳〉：延和二年（四三三年）四月，蒙遜死。按：二人之亡，相差一月耳。

34.周杜國①之伯名曰恆，爲周大夫。宣王之妾曰女鳩，欲通②之，杜伯不可。女鳩訴之宣王曰：「恆竊與妾交③。」宣王信之，囚杜伯于焦④，使薛甫⑤與司工錡⑥殺杜伯。其友左儒九諫，而王不聽，左儒死之⑦。杜伯既死，即爲人見王曰：「恆之罪何哉？」王召祝而以杜伯語告之。祝曰：「始殺杜伯，誰與王謀之？」王曰：「司工錡也。」祝曰：「何不殺錡以謝之？」宣王乃殺錡，使祝以謝杜伯。杜伯猶爲人而至，言其無罪。司工錡又爲人而至曰：「臣何罪之有？」宣王告皇甫曰：「祝也與⑧我謀而殺人。吾所殺者，又皆爲人而見，當奈何乎？」皇甫曰：「殺祝以謝之⑨。」宣王乃殺祝以兼謝⑩焉，又無益也。皆爲人而至。祝亦曰：「我焉知之？奈何以此爲罪，而殺臣也？」後三年，〔宣王〕⑪遊於圃田⑫，從人滿野。日中，杜伯乘白馬素衣，司工錡爲左，祝爲右，朱衣朱冠起於道左，執朱弓朱矢射宣王。中心，折脊，伏于弓衣⑬而死。⑭（《法苑珠林》卷一一〇）

①杜國，陶唐氏之後，周成王遷封唐氏於杜。在今陝西省長安縣東南。

②通，私通、旁淫。

③交，媾合。

④焦，國名。故城在今河南陝縣南。按：周武王封神農之後於焦，見《史記》卷四〈周本紀〉。

⑤「薛甫」，《廣記》卷一一九作「辥甫」。按：薛、辥同字。

⑥「司工錡」，《廣記》卷一一九作「司空錡」。以下並同。按：《通志·氏族略四》有司工氏，鄭樵云：「周宣王時司工錡，因官氏焉。」則作「司工」爲是。

⑦按：左儒死諫事，詳《說苑》卷四〈立節〉。《資治通鑑外紀》卷三，亦載之。

⑧「與」，《廣記》卷一一九作「爲」。按：與，爲也。

⑨「之」下，《廣記》卷一一九有「可也」二字。

⑩兼謝，合併謝罪。

⑪「宣王」二字，據《廣記》卷一一九增補。

⑫按俞樾《諸子評議》卷二〈墨子〉二：「田於圃田者。圃田，地名。《詩·車攻篇》：『東有甫草，駕言行狩。』鄭《箋》以鄭有圃田說之。《爾雅·釋地》作『鄭有圃田』，即其地也。」然《國語》卷一〈周語〉上云：「杜伯射王於鄗。」韋注云：「鄗，鄗京也。」一在東，一在西，未知孰是？

⑬弓衣，裝弓的套子，一名韜，又作弢。

⑭《史記》卷四〈周本紀〉：「四十六年（西元前七八二年），宣王崩。」

35.晉①王濟左右②嘗於闌③中就婢取濟衣物。婢欲奸④之，其人云：「不敢⑤。」婢言：「若不從我，我當大叫。」此人卒不肯。婢遂呼云：「某甲欲奸我。」濟即令人殺之。此人具自⑥陳訴，濟猶不信，故⑦牽將⑧去。顧謂濟曰：「枉不可受，要當⑨訟府君於天。」後濟乃病，忽見此人語之曰：「前具告實，既不見理，今便應去。」濟數日卒。（《法苑珠林》卷一一〇）

①「晉」，原作「漢時」，今據《廣記》卷一二九校改。

②「王濟左右」，《廣記》卷一二九作「王濟侍者」；《事文類聚後集》卷十六引殷芸《小

說》，作「王武子左右人」。按：王濟，字武子，太原晉陽人，文詞俊茂，伎藝過人，有名當世。生平附見《晉書》卷四二〈王渾傳〉。又，左右，即侍者也。

③「闈」，原作「闇」，今據《廣記》卷一二九校改。殷芸《小說》卷八作「閤」。按：闈，內室也。

④奸，淫也。

⑤不敢，猶不可也。

⑥具自，詳細之意。自係擴充音節用之虛語素，無意義。

⑦故，仍然。

⑧牽將，押解牽引。按：將，帶領也。

⑨要當，必當也。

36.漢時游殷字幼齊①，漢世爲羽林中郎將②。先與司隸校尉胡軫③有隙，軫遂誣構煞④之。殷死月餘，軫得病，目睛脫⑤，但言：「伏罪！伏罪！游幼齊將鬼來。」於是遂死。⑥（《法苑珠林》卷一一〇）

①游殷，左馮翊頻陽（在今陝西省富平縣東北）人。嘗爲太尉掾、功曹。參見張澍輯《三輔決錄》案語引「華嶽廟殘碑陰」。

②羽林，禁衛軍，由中郎將騎都尉監領。

③胡軫，字文才，涼州人。《後漢書》卷七二〈董卓列傳〉李賢注引《九州春秋》：「卓以東郡太守胡軫為大督，呂布為騎督。」又司隸校尉，掌巡察制舉之事。東漢時領有一州，無所不糾，威權尤重。

④煞，同殺，戮也。

⑤「脫」，《廣記》卷一一九作「遂脫」，《勸善書》卷十八作「皆脫」。

⑥按《三國志》卷十五〈張既傳〉裴注引《三輔決錄注》，在「於是遂死」下繼云：于時關中稱曰：「生有知人之明，死有貴神之靈。」「知人之明」，指游殷將其子託付張既；「貴神之靈」，則謂死後顯靈報仇事也。

按：本事全襲自摯虞《三輔決錄注》，惟末句「游功曹」改易為「游幼齊」而已。

37.晉富陽縣①令王範有妾桃英，殊有姿色，遂與閤下②丁豐、史華期二人奸通。範嘗出行不還，帳內③都督孫元弼聞丁豐戶中有環珮聲，覘視，見桃英與同被而臥。元弼叩戶扇叱之，桃英即起，攬裙理鬢，躡履還內。元弼又見華期帶佩④桃英麝香。二人懼元弼告之，乃共謗元弼與桃英有私。範不辨察，遂煞元弼。有陳超⑤者，當時在座，勸成元弼罪。後範代還，超亦出都看⑥範。行至赤亭⑦山下，值雷雨日暮。忽然有人扶超腋，逕⑧曳將去，入荒澤中，電光照見一鬼，面甚青黑，眼無瞳子，曰：「吾孫元弼也。訴怨⑨皇天，早見申理，連時⑩候汝，乃今，⑪相遇。」超叩頭流血。鬼曰：「王範既爲事主，當先殺之。賈景伯⑫、孫文度⑬在太山玄堂⑭下，共定死生名錄。桃英魂魄，亦收在女青亭⑮者。是第三地獄名，在黃泉下，專治女鬼。」投至⑯天明，失鬼所在。超至揚都詣範，未敢說之。便見鬼從外來，逕入範帳。至夜範始眠，忽然大厭⑰，連呼不醒。家人牽青牛⑱臨範上，并加桃人、左索⑲。向明小穌⑳，十許日而死；妾亦暴亡。超亦㉑逃走長干寺㉒，易姓名爲何規。後五年三月三日，臨水酒酣，超云：「今當不復畏此鬼也。」低頭，便見鬼影已在水中，以手搏超，鼻血大出，可一升許。數日而殂。㉓（《法苑珠林》卷一一〇）

①富陽縣，在今浙江省杭縣南。原名富春，東晉孝武帝太元中避鄭太后諱，改名。

②「閤下」，百卷本《珠林》卷九一、《廣記》卷一二九，並作「閣下」。按：閤、閣通用。閤下，此指守門吏。

③帳內，猶衙中。都督，指衙中差役之頭目。

④「佩」，原作「珮」，今據《廣記》卷一二九、《勸善書》卷十八校改。

⑤《御覽》卷三五九引謝氏《鬼神列傳》，謂陳超下邳人。按：下邳郡，在今江蘇省宿遷縣東南。

⑥看，探望。

⑦赤亭，里名，在富陽縣，相傳嚴子陵釣於此。參見《太平寰宇記》卷九三。

⑧逕，同徑字，直接之意。

⑨「怨」，原作「寃」，今據百卷本《珠林》卷九一、《廣記》卷一二九、《勸善書》卷十八校改。

⑩連時，猶多時也。

⑪乃今，而今、如今。

⑫賈逵，字景伯，漢代平陵（在今陝西省咸陽縣西北）人，兼通五經，著述百餘萬言。生平詳《後漢書》卷六六本傳。

⑬孫晷，字文度，晉代富春（今浙江省富陽縣）人，恭孝清約，學識弘通。生平見《晉書》卷八八《孝友傳》。

⑭太山玄堂，猶言太（泰）山地獄，掌理凡人生死之處所。玄堂著，幽暗之廳堂，亦指陵墓。

⑮按：道教北都羅酆山三十六獄，北列之三爲女青獄。參葛玄《太上慈悲道場消災九幽懺》卷八。

⑯投至，等到。按：投，至也。

⑰「厭」，百卷本《珠林》卷九一、《廣記》卷一二九、《勸善書》卷十八，並作「魘」。按：厭、魘通用，指惡夢、不祥之夢。

⑱古者常以青牛爲神物，可以除邪辟魔。

⑲桃人，桃木所刻之人像。左索，繩索。按：《風俗通義·祀典》、《玄中記》，並載桃人、葦索御凶魅事，可參看。

⑳「穌」，百卷本《珠林》卷九一、《廣記》卷一二九，並作「蘇」。按：穌、蘇通用，清醒也。

㉑「亦」，《廣記》卷一二九作「乃」。

㉒長干寺，在建業（今南京）。《六朝事跡編類》卷下「長干寺」引《丹陽記》云：長干是秣陵縣（今江寧縣東南）東里巷名。

㉓「數日而殂」下，《勸善書》卷十八並有「丁史二人亦尋卒」一句。

按：本則末段陳超躲鬼事，亦見《御覽》卷三五九引謝氏《鬼神列傳》，文字略有出入而稍詳，可以參看。

38.晉時張駿據有涼州①，忌害鎮軍將軍武威陰鑒②，以其宗族強大而多功也，遂諷其主簿魏纂，使誣鑒謀反。駿逼鑒自殺。後三年纂病，見鑒在側，遂死。③（《法苑珠林》卷一一〇）

①張駿，字公庭，安定烏氏（今甘肅省平涼縣西北）人，晉明帝太寧二年（西元三二四年）嗣位爲涼州牧、涼王。

②陰鑒，武威（晉時涼州治所，在今甘肅省永昌縣東南）人。歷事張寔、張茂，爲將軍、寧羌護軍，見《晉書》卷八六〈張軌傳〉。

③「遂死」下，《勸善書》卷十六有「未幾駿亦卒」一句。

按：《魏書》卷九九〈張駿傳〉云：「（張）軌保涼州，陰澹之力。駿以陰氏門宗強盛，忌之，乃逼澹弟鑒，令自殺，由是大失人情。駿既病，見鑒爲祟，遂死。時建國九年（西元三四六年）也。」說法稍異，可以參看。

39.晉時羊聃①字彭祖②，晉世廬陵③太守。爲人剛克④麤暴，恃國姻親，縱恣尤甚，睚眦⑤之嫌，輒加刑煞。征西大將軍庾亮檻送，具以狀聞⑥。有司奏聃殺郡將吏及民簡良等二百九十人，徒謫⑦一百餘人，應棄市。依八議⑧，請宥。顯宗⑨詔曰：「此事古今所未有。此而可忍，孰不可忍？何八議之有？可獄所賜命⑩。」聃兄子賁，先尙南郡公主⑪，自表解婚，詔不許⑫。琅琊⑬孝王⑭妃山氏，聃之甥也，苦⑮以爲請。於是司徒王導⑯啓：「聃罪不可⑰容恕，宜極重法。山太妃〔憂〕⑱感動疾，陛下罔極之恩⑲，宜蒙生全之宥。」於是⑳詔下曰：「山太妃唯此一舅，發言摧鯁㉑，乃至吐血，情慮深重。朕丁荼毒㉒，受太妃撫育之恩，同於慈親。若不堪難忍之病㉓，以致頓弊，朕亦何顏以寄㉔？今便原聃生命，以慰太妃渭陽之思㉕。」於是除名爲民。少時疾病，恒見簡良等曰：「枉㉖豈可受？今來相取，自申黃泉㉗。」經宿而死。（《法苑珠林》卷一一〇）

①「聃」，原作「珊」，今據《廣記》卷一二六、《勸善書》卷十八校改。以下同。按：聃，曼之弟，生平附見《晉書》卷四九〈羊曼傳〉。

②「彭祖」上，原有「懿」字，今據《廣記》卷一二六、《勸善書》卷十八刪。

③盧陵，郡名，在今江西省吉安縣附近。

④剛克，過度剛強。

⑤睚喋，張目怒視也。按：喋，同呲。

⑥按：羊聃被檻送時間，史無明文。唯據庾亮、王導官職推論，當於咸和九年（西元三三

四年）六月之後，咸康四年（三三八年）五月之前。參見《晉書》卷七〈成帝紀〉。

⑦「謫」，《廣記》卷一二六作「讁」。按：謫，讁同。徒謫，謂刑罰也。《晉書》卷四九作「髡鎖」。

⑧按：古代判罪減免的條件，有議親、議故、議賢、議能、議功、議貴、議勤、議賓等八端，是爲八議。原出《周禮·秋官》。《晉書》卷四九謂「聃罪當死，以景獻皇后是其祖姑，應八議」。所指係議親一款。

⑨顯宗，晉成帝廟號。

⑩賜命，猶賜死也。「可獄所賜命」，《晉書》卷四九作「猶未忍肆之市朝，其賜命獄所」。

⑪羊賁，少知名，尚明帝女南郡悼公主，除秘書郎，早卒。附見《晉書》卷四九〈羊曼傳末。

⑫「詔不許」一事，《晉書》卷四九引詔曰：「罪不相及，古今之令典也。聃雖極法，於賁何有？其特不聽離婚。」

⑬「琅琊」，百卷本《珠林》卷九一作「琅邪」，《廣記》卷一二六作「琅琊」。按：邪、琊、瑯，並同。琅邪，郡名，在今山東省諸城縣一帶。

⑭琅邪孝王裒，字道成，晉元帝宮人荀氏所生，有大成之度量，建武元年（三一七年）

薨，年十八。生平見《晉書》卷六四本傳。

⑮「苦」，原作「若」，今據百卷本《珠林》卷九一、《廣記》卷一二六、《勸善書》卷十八校改。

⑯「導」，原作「遵」，今據《廣記》卷一二六、《勸善書》卷十八校改。

⑰《廣記》卷一二六引，無「可」字，《晉書》卷四九，同。

⑱「憂」字，據百卷本《珠林》卷九一、《廣記》卷一二六、《勸善書》卷十八增補。「憂感動疾」，《晉書》卷四六作「憂戚成疾」。

⑲罔極之恩，謂父母之恩無窮盡。

⑳「於是」下，原有「下」字，今據《廣記》卷一二六、《勸善書》卷十八删。

㉑摧鯁，同摧哽，悲傷而至聲氣結塞也。按：《晉書》卷四九作「摧咽」。

㉒丁荼毒，指遭雙親之喪。按：成帝母明穆庾皇后，咸和三年（三二八年）三月崩，年三十二。時成帝方八歲。參看《晉書》卷七〈成帝紀〉、卷三二〈明穆庾皇后傳〉。

㉓「病」，《廣記》卷一二六作「痛」。《晉書》卷四九，亦作「痛」。

㉔「以寄」，《廣記》卷一二六作「自處」。按：寄，依也，託也。

㉕「思」，原作「恩」，今據《晉書》卷四九校改。按：渭陽之思，指思念舅氏之情。典出

《詩經·秦風·渭陽》。

㉖枉，冤屈也。

㉗黃泉，人死後所居之處，即陰間。

40.晉時會稽孔基，勤學有志操，馮結①族人孔敞。敞使其二子，以基爲師。而敞子並凶猥②，趣向③不同，基屢言之於敞，此兒常有忿恚④。敞尋⑤喪亡。服制⑥既除，基以宿舊，乃賫羊酒往看二⑦子，〔二〕⑧子猶懷宿怨，潛⑨遣奴於路側煞基。奴還未至，仍⑩見基來，張目攘袂，厲聲言曰：「姦醜小豎⑪，人面獸心。吾蒙顧在昔⑫，敦戢平生⑬，有何怨惡，候道見害？慢天⑭忘父，人神不容，要當⑮斷汝家種。」從此之後，數數見形孔氏。無幾，大兒向⑯廁，忽便絕倒，駱驛往看，已斃於地；次者尋復病殂。兄弟無後。⑰（《法苑珠林》卷一一〇）

①「馮結」，百卷本《珠林》卷九一作「憑結」。按：馮，憑通用。馮結，厚結也。

②凶猥，凶惡鄙陋。

③趣向，猶志向、喜好也。

④忿恚，恨怒。

⑤尋，俄頃、不久之意。

⑥服制，守制居三年之喪也。
⑦「三」，原作「言」，今據敦煌本、《廣記》卷一一九、《勸善書》卷十八校改。
⑧「三」字，據敦煌本、《廣記》卷一一九、《勸善書》卷十八增補。
⑨潛，暗地、隱密也。
⑩「仍」，《廣記》卷一一九作「乃」。按：仍、乃，並假借爲扔，就也。
⑪豎者，童僕未冠者之稱。小豎，猶小子，罵人語。
⑫在昔，往昔、從前。
⑬敦戢，表示友好之相聚。平生，謂故舊之情也。
⑭「慢天」，《廣記》卷一一九作「反天」。按：慢天，不尊敬上天之意。
⑮要當，應當、必須。
⑯「向」，敦煌本作「而」。按：敦煌卷子常見而、如同音通假。而，即往也。
⑰「無後」下，敦煌本有「遂至滅絕」一句。

41.晉時庾亮誅陶稱①後，咸康五年②冬，節會③，文武數十人，忽然悉起，向階拜揖。庾驚問故④，並云：「陶公來。」陶公是稱父侃也。庾亦起迎。陶公扶⑤兩人，悉是舊怨，傳詔左右數十人，皆操伏戈⑥。陶公謂庾曰：「老僕舉君自代，不圖⑦此恩，反戮其孤⑧，故來相問陶稱何罪？身⑨已得訟⑩於帝矣。」庾不得一言，遂寢疾。六年一月⑪死。（《法苑珠林》卷一一〇）

①陶稱，侃之子，性凶暴。晉成帝咸康五年，庾亮以稱監江夏、隨、義陽三郡軍事、南中郎將、江夏相。稱到夏口，將二百人下見亮。亮大會吏佐，責稱前後罪惡。稱出，使人於閤外收之，棄市。其事附見《晉書》卷六六〈陶侃傳〉。

②咸康五年，西元三三九年。

③節日舉行宴會曰節會。

④故，道理、原因也。

⑤扶，相傍。

⑥伏戈，其義不詳，疑當作杖戈。蓋杖、仗通用，又訛仗爲伏也。

⑦不圖，不料。

⑧無父之子曰孤。

⑨身，第一人身代詞，猶我也。

⑩「訟」，《勸善書》卷十八作「訴」。

⑪「六年一月」，原作「八年一日」，今據《晉書》卷七〈成帝紀〉、卷七三〈庾亮傳〉校

改。

42.吳幼帝①即位，諸葛恪②輔政，孫峻③爲侍中、大將軍。恪強愎傲物，峻嶮側④而好權。建興二年⑤，恪攻新城⑦，無功而還，峻將以幼帝饗⑧恪而殺之。其日，恪精神擾動⑨，通夕不寐。張約⑩、騰胤⑪以峻謀告恪，恪曰：「豎子⑫其何能爲？不過因酒食，行酖毒耳。」將⑬親信人，以〔解〕⑭藥酒自隨。恪將入，畜犬追銜其衣裾，不得去者三。恪顧拊犬頭曰：「怖邪，無苦⑮也。」既入，峻伏兵殺之。峻後病，夢爲恪所擊，狂言常稱見恪，遂死。⑯（《法苑珠林》卷一一三）

①「幼帝」，《勸善書》卷十八作「幼主」。按：指孫亮，權少子也。太元二年（西元二五二年）即位。

②諸葛恪，字元遜，琅邪陽都（今山東省沂水縣南）人，瑾長子。有才名，善辯論。《三國志》卷六四有傳。

③孫峻，字子遠，孫堅弟靜之曾孫，嫻熟弓馬，精果膽決。《三國志》卷六四有傳。

④嶮側，陰險邪惡也。按：嶮，通險字。

⑤「建興二年」，原作「鳳皇三年」，今據《三國志》卷四八〈孫亮傳〉校改。按：鳳皇，

吳末帝孫皓之年號。

⑦新城，春秋宋地，在今河南商丘縣西南。

⑧「饗」，原作「響」，今據《勸善書》卷十八校改。按：饗，宴享也。

⑨擾動，煩亂驚躁貌。

⑩「約」，原作「幼」，今據百卷本《珠林》卷九四、《勸善書》卷十八校改。按：張約，散騎常侍，見《三國志》卷六四〈諸葛恪傳〉。

⑪滕胤，字承嗣，北海劇（今山東省劇縣）人。弱冠尙公主。吳大帝太元元年（二五一年）爲太常，受詔輔政。《三國志》卷六四有傳。

⑫豎子，童子，罵人之語。

⑬將，攜帶。

⑭「解」字，據《勸善書》卷十八增補。

⑮無苦，猶無憂也。

⑯據《三國志》卷四八〈孫亮傳〉：幼帝建興二年（二五三年）冬十月，孫峻伏兵殺恪於殿堂。太平元年（二五六年）九月，峻卒。年三十八。

43.漢王宏，字長文①，爲扶風②太守，與司徒王允俱爲李傕等所害③。宏素與司隸校尉胡种④不相能⑤，种因就獄〔促〕⑥竟其事⑦。宏臨死歎曰：「胡种小子，勿樂人之禍，禍必及汝！」种後病，頭不得舉。眼若睡，見宏來，以大杖擊之。數日死。（《太平廣記》卷一一九）⑧

①《後漢書》卷六八〈郭泰傳〉李注引謝承《後漢書》云：「太原郭長信、王長文、長文弟子師。……」按：子師，王允字也。則王宏、王允乃兄弟行輩，唯《後漢書》卷六六〈王允傳〉，但謂兩人同郡耳。

②扶風，後漢右扶風，治槐里，在今陝西省興平縣東南。

③《後漢書》卷九〈孝獻帝紀〉：初平三年（西元一九二年）五月，李傕殺司徒王允，滅其族。

④「种」，原作「伸」，今據《後漢書》卷六六、《勸善書》卷十八校改。以下同。

⑤相能，相親睦也。

⑥「促」字，據《廣記校勘記》卷一一九增補。

⑦「促竟其事」，《後漢書》卷六六〈王允傳〉附王宏事及《勸善書》卷十八，並作「迫促殺之」，意同。

⑧《廣記》引本則作《還冤記》，以下各則並同。

44.北齊陽翟①太守張善，苛酷貪叨②，惡聲流布。蘭臺③遣御史魏輝儁④，就郡治之。贓賄狼籍，罪當合死。善于獄中，使人通訴⑤，反誣輝儁爲納民財⑥，枉見推縛⑦。文宣帝⑧大怒，以爲法司阿曲⑨，必須窮正⑩。令尚書令左丞盧斐⑪覆驗之。斐遂希旨⑫，成輝儁罪狀，奏報，于州〔市〕⑬斬決。輝儁遺語令史⑭曰：「我之情理，是君所見，今日之事，可復如何⑮？當辦紙百番⑯，筆二管，墨一錠⑰，以隨吾死。若有靈祇，必望報盧⑱。」令史哀悼，〔貨賣衣裳〕⑲，爲之殯斂，並備紙筆。〔後〕⑳十五日，善得病，唯云：「叩頭。㉑」未旬日而死。纔兩月，盧斐坐譏駮《魏史》，爲魏收奏，文宣帝鴆殺之。㉒（《太平廣記》卷一一九）

①陽翟，郡名，後魏置，故治即今河南省禹縣。

②「貪叨」，《勸善書》卷十七作「貪饕」。按：叨，饕之俗字。貪財爲饕。

③蘭臺，御史臺也。

④「輝儁」，《珠林》卷九四引《冥祥記》作「暉儁」，《勸善書》卷十七作「輝雋」。按：輝、暉通用；儁、雋同。

⑤「通訴」，《珠林》卷九四作「通啓」。

⑥「財」，《珠林》卷九四作「賕」。按：賕，賄賂也。

⑦推縛，窮詰綑綁。

⑧文宣帝，高洋也。東魏孝靜帝武定八年（西元五五〇年）五月即帝位。

⑨阿曲，阿諛曲從。

⑩窮正，追究糾正。

⑪盧斐，字子章，范陽涿（今河北省涿縣）人。性殘忍，以強斷知名。高澄引爲相府刑獄參軍。文宣帝天保（五五一—五五九年）中，遷當書左丞，別典京畿詔獄。生平見《北齊書》卷四七〈酷吏傳〉。

⑫希旨，迎合在上者的旨意。

⑬「市」字，據《珠林》卷九四、《廣記校勘記》卷一一九、《勸善書》卷十七增補。

⑭令史，掌文書，有品秩，限滿可補郎。

⑮「何」，原作「之」，今據《珠林》卷九四、《勸善書》卷十七校改。

⑯「百番」，《珠林》卷九四作「百張」。按：番，陪伴性量詞，此指枚數而言。

⑰「錠」，《珠林》卷九四作「挺」，《勸善書》卷十七作「鋌」。按：挺、鋌、錠，並通用爲陪伴性量詞。劉世儒《魏晉南北朝量詞研究》第二章云：「『挺』量『墨』，也是取其

挺直義，只是後來發展才寫作『鋌』，又訛為『錠』而已。」（頁九九）

⑱「盧」，《珠林》卷九四作「雪」，《勸善書》卷十七作「之」。

⑲「貨賣衣裳」四字，據《珠林》卷九四增補。

⑳「後」字，據《珠林》卷九四、《廣記校勘記》卷一一九、《勸善書》卷十七增補。

㉑「唯云叩頭」，《珠林》卷九四作「唯云：叩頭，魏尚書。尚書者，世俗呼臺使之通稱也。」，《勸善書》卷十七作「唯叩頭云：魏公，寬我！」

㉒「鴆殺之」，《珠林》卷九四作「歐殺之」，《勸善書》卷十七作「杖殺之」。按：盧斐因謗史，與李庶等俱病鞭杖死獄中事，見《北齊書》卷四七〈酷吏傳〉，亦附見《北史》卷三十〈盧同傳〉。再者，魏收於北齊文宣帝天保二年（五五二年）奉詔纂修《魏書》，五年三月，紀傳先成，奏上之。譏謗其「不直」事，當在稍後。參見《北齊書》卷三七〈魏收傳〉。

按：《珠林》卷九四引本則，注出《冥祥記》，魯迅《古小說鉤沈·冥祥記》未收，蓋因王琰《冥祥記》撰於齊末梁初（約西元五〇〇年前後），不應載及北齊魏輝儁事也。

45. 眞子融，北齊世嘗為井陘關檢租使①。贓貨甚，為人所糾。齊主②欲以行法，意在窮治，乃付并州③城局參軍崔法瑗，與中書舍人蔡暉④，共拷其獄。然子融罪，皆在赦前，法瑗等觀望上意，抑爲赦後⑤。子融臨刑之際，怨訴百端，旣不得理，乃〔誓〕⑥曰：「若使此等平直⑦，是無天道！」後十五日，法瑗無病死。經一年許，蔡暉患病，膚肉爛墮都盡，苦楚百許日⑧方死。（《太平廣記》卷一一九）

①「檢」，原作「收」，今據《珠林》卷一一〇、《勸善書》卷十七校改。井陘關，亦名土門關，在河北省井陘縣東北。

②齊主，未詳，疑爲武成帝高湛。

③并州，古十二州之一，歷代轄區不同，約在今河北省中部、山西省北半部地域。北朝每於太原郡兼置并州，治晉陽（今山西太原）。

④《北齊書》卷三一〈王昕傳〉：「（孝昭）帝使齋帥裴澤、主書蔡暉伺察群下，好相誣枉，朝士呼爲裴、蔡。」然則，蔡暉蓋爲酷吏之流。其遷中書舍人，當在武成帝時。

⑤按：皇帝即位，每有大赦。赦前、赦後，關係重大。

⑥「誓」字，據《珠林》卷一一〇、《廣記校勘記》卷一一九增補。

⑦「平直」，《珠林》卷一一〇作「平吉」。

⑧「百許日」，原作「日加」，今據《珠林》卷一一〇、《勸善書》卷十七校改。

按：本則見《珠林》卷一一〇引錄，注出《冥祥記》。《古小說鉤沈·冥祥記》未收，以其時代在後也。

46.梁太山羊道生，爲邵陵王①中兵參軍。其兄海珍②，任溠州③刺史，道生乞假省之。臨別，兄于近路設頓④，祖送道生。道生見縛一人于樹，就視，乃故舊部曲⑤也。見道生，涕泣哀訴云：溠州欲賜殺，乞求救濟。道生問：「汝何罪？」答云：「失意，逃叛。⑥」道生便曰：「此最可忿⑦。」即下馬。以佩刀刳其眼睛吞之。部曲呼天大哭。須臾海珍來。又囑兄決斬。至座⑧良久，方覺眼睛在喉內，噎不〔肯〕⑨下。索酒燕之，頓盡⑩數盃，終不能去，轉覺脹塞，遂不成醼⑪而別。在路數日死。當時〔見者〕⑫，莫不以爲有天道焉⑬。（《太平廣記》卷一二〇）

①蕭綸，字世調，梁高祖蕭衍第六子。博學善屬文。天監十三年（西元五一四年），封邵陵郡王。生平見《梁書》卷二九本傳。

②羊海珍，泰山鉅平（今山東省寧陽縣）人。嘗掘荀伯道幷父母等棺骨，焚之，以報復伯道子晷殺害其叔父之仇。見《南史》卷六三〈羊雅仁傳〉。

③「溠州」，百卷本《珠林》卷七八作「漢州」，以下同。按：梁無溠州郡，或漢州郡，疑字有誤。

④頓，宿食之所也。

⑤部曲，指家兵、隨從之流，大都由逃亡者投充。

⑥逃叛，逃走。按：叛，逃也。

⑦可忿，可恨。

⑧「至座」，原作「道生」，今據《珠林》卷九五、《勸善書》卷十八校改。

⑨「肯」字，據《珠林》卷九五、《勸善書》卷十八增補。

⑩「頓盡」，《珠林》卷九五作「頻傾」。

⑪「醼」，原作「嚥」，今據《珠林》卷九五校改。按：醼，與宴通用，謂合飲也。

⑫「見者」二字，據《珠林》卷九五、《勸善書》卷十八增補。

⑬「有天道焉」，《珠林》卷九五作「有天道，驗矣」，《勸善書》卷十八作「有天道，不可誣也。」

按：本則見《珠林》卷九五引錄，注出《冥祥記》。《古小說鉤沈·冥祥記》未收。

47.梁東徐州①刺史張皋，僕射永②之孫也，嘗因敗入北。有一土民③，與皋盟誓，將送④還南。土民遂即出家，法名僧越，皋供養之。及在東徐，且隨至任。恃其勳舊⑤，頗以言語忤皋。皋怒，遣兩門生⑥，夜往殺之。爾後忽⑦夢見僧越，云：來報怨。少時⑧出射，而箭栝⑨傷指，纔可見血，不以爲事。後因破梨，梨

汁浸漬，乃始⑩膿爛。停十許日，髆上無故復生一瘡，膿血與指相通，月餘而死。（《太平廣記》卷一二〇）

①梁武帝天監中，置東徐州，其地在今江蘇省宿遷縣東南。

②張永，字景雲，吳郡吳縣人。涉獵書史，能爲文章，書法、音樂、騎射雜藝，觸類兼善，官至右光祿大夫、侍中。宋後廢帝元徽三年（西元四七五年）卒。生平附見《宋書》卷五三〈張茂度傳〉。

③土民，本土人氏也。

④將送，引領護送。

⑤勳舊，有勳功之故舊也。

⑥門生，指門下僕從。「兩門生」下，《珠林》卷九五有「一人姓井，一人姓白，皆不得其名」一小段；《勸善書》卷十九作「一人姓井，一人姓白者。」

⑦「忽」，《珠林》卷九五作「夕夕」。

⑧「少時」，《珠林》卷九五作「少日」。

⑨箭栝，矢末與弦會合處。《釋名·釋兵》：「矢末曰栝。栝，會也，與弦會也。」

⑩「始」，原作「加」，今據《珠林》卷九五、《勸善書》卷十九校改。

按：本則見《珠林》卷九五引錄，注出《冥祥記》。《古小說鉤沈·冥祥記》未收。《南史》卷七〈梁本記（中）〉：「（武帝）大同三年（五三七年）閏九月，使兼散騎常侍張皐聘於東魏。」然則張皐受報死亡事，《冥祥記》無法載入也。

48. 江陵陷時①，有關內人梁元暉，俘獲一士大夫，姓劉②。此人先遭侯景亂③喪④，失其家口，唯餘小男，始數歲，躬自擔負⑤。又〔著連枷〕⑥，值雪泥，不能前進。梁元暉監領入關，逼令棄兒。劉甚愛惜，以死爲請。遂彊奪取，擲之雪中，杖棰交下，驅蹙⑦使去。劉乃步步迴顧，號叫斷絕。辛苦頓弊⑧，加以悲傷，數日而死。死後，元暉日〔日〕⑨見劉伸手⑩索兒，因此得病。雖復〔對之〕⑪悔謝，來殊不已。元暉載病⑫到家而卒。（《太平廣記》卷一二〇）

①梁元帝承聖三年（西元五五四年）十一月，江陵城陷於西魏，元帝被俘，次月遇害。見《梁書》卷五〈元帝本紀〉。

②「姓劉」下，《珠林》卷一一〇有「位日新城，失其名字」八字。按：「位日」，疑誤。梁新城郡，在湖北襄陽西，今房縣是也。

③侯景，字萬景，朔方（今綏遠省南境）人。梁武帝太清元年（五四七年），舉河南來降。二年八月於壽春造反，攻城略地，尋圍建康，陷臺城，武帝被逼餓死。立簡文帝，復弒

之，稱漢帝。大寶三年（五五二年）三月，王僧辯等討平之。

④「亂喪」，原作「喪亂」，今據《珠林》卷一一〇乙正。

⑤「擔負」，《珠林》卷一一〇作「擔抱」。

⑥「著連枷」三字，據《珠林》卷一一〇增補。

⑦驅蹙，驅馳踐踏也。

⑧「弊」，原作「斃」，今據《珠林》卷一一〇校改。按：頓弊，謂行路顛蹶疲困也。

⑨「日」字，據《珠林》卷一一〇、《廣記校勘記》卷一二〇增補。

⑩「伸手」，《珠林》卷一一〇作「曳手」。按：曳，或作拽，拉引也。

⑪「對之」二字，據《珠林》卷一一〇增補。

⑫載病，抱病，生病。

按：本則見《珠林》卷一一〇引錄，注出《冥祥記》，《古小說鉤沈·冥祥記》未收。

49.梁廬陵王蕭續①，爲荆州刺史②。時有武寧③太守張延康，甚便弓馬，頗爲人伏，代下④將還。王要⑤伏事，延康意貪進，上辭不肯留。王遂尋延康爲郡時罪，鎖繫在獄，發使啓申⑥，意望朝廷委州行決。梁主⑦素識延康，兼疑王啓不實，乃敕送都。王即懷恨，又懼延康申雪，翻復⑧獲罪，乃未宣敕。使獄卒說延康曰：

「如聞王欲見殺。君何不拔身⑨還都自理？若能去，當爲⑩方便。」延康然之，遂夜逃。王遣游軍⑪設伏，刺延康於城下，乃表叛獄格戰而死。又有枝江⑫令吳某，將還楊州，被王要結⑬，亦不肯住⑭，遂使人於道擊殺之。舉家數十口，並從沈溺。後數年，王得疾⑮，日夜常見張、吳二人。王但曰：「寬我！寬我！」少時而薨。（《太平廣記》卷一二〇）

①蕭續，字世訢，梁武帝第五子。天監八年（西元五〇九年），封廬陵郡王。《梁書》卷二九有傳。

②《梁書》卷三〈武帝本紀下〉：大同五年（五三九年）秋七月，以廬陵王續爲荊州刺史。

③齊、梁置武寧郡，治在樂鄉縣（今湖北省荊門縣北）。

④「代下」，《勸善書》卷十七作「得代」。

⑤要，遮攔也。

⑥「啓申」，《勸善書》卷十七作「奏之」。按：啓申者，上報申奏也。

⑦梁主，指梁武帝蕭衍。

⑧翻復，反復、轉復，反倒之意。按：復字，僅爲擴充音節的虛語素，無意義。

⑨拔身，脫身也。

⑩爲，給予。

⑪游軍，不隸屬於一定部伍，隨時可應敵之兵士。

⑫枝江，縣名，在湖北省江陵縣西。

⑬要結，攔止也。

⑭住，停留。

⑮「王得疾」，原作「得疾王」，今據《廣記校勘記》卷一二〇校改；《勸善書》卷十七作「王得病」。

⑯《梁書》卷三〈武帝本紀下〉：太清元年（五四七年）正月，荊州刺史廬陵王續薨。同書卷二九本傳云：中大同二年，薨於州，時年四十四。按：本年夏四月改元，作中大同二年，是也。

50.廬陵王①在荊州時，嘗遣從事量括②民田。南陽樂蓋卿③，亦充一使。公府舍人韋破虜，發遣誡敕，失王本意。及蓋卿還，以數誤④得罪。破虜惶懼，不敢引愆⑤，但誑蓋云：自爲⑥分雪，無勞訴也。數日之間，遂斬于市。蓋卿號叫，無由自陳，唯語人⑦以紙筆隨殮。死後少日，破虜在槽上看牛，忽見蓋卿挈頭而入，持一椀蒜虀⑧與之。破虜驚呼奔走，不獲已而服之。因〔爾〕⑨得病，未幾卒。

（《太平廣記》卷一二〇）

①《御覽》卷九七七引《冤報記》，作「梁廬陵王蕭績」。按：績字誤，當作續。

②量括，丈量搜括。

③「蓋卿」，《御覽》卷九七七作「孟卿」。以下同。

④「數誤」，《珠林》卷九五、《勸善書》卷十七，並作「違誤」。

⑤「引愆」，《珠林》卷九五、《御覽》卷九七七並作「引僁」。按：僁，愆之俗字，過失也。

⑥「自爲」，《御覽》九七七作「公自爲當爲公」，《勸善書》卷十七作「當自」。

⑦「語人」，《珠林》卷九五、《勸善書》卷十七，並作「語家人」。

⑧蒜齏，蒜汁也。

⑨「爾」字，據《廣記校勘記》卷一二〇、《御覽》卷九七七增補。《珠林》卷九五、《勸善書》卷十七，並作「此」。按：爾，猶此也。

按：本則《珠林》卷九五引錄，注出《冥祥記》。因其屬於梁大同五年後之事，《古小說鉤沈．冥祥記》未收。

51.康①季孫性好殺，滋味②漁獵，故〔是〕③恒事；奴婢愆罪，亦或死④之。常病，夢人謂曰：「若能斷殺。此病當差⑤；不爾⑥必死。」即于夢中，誓不復殺。驚悟⑦戰悸，汗流浹體，病亦漸瘳。後數年，三門生竊其兩妾以叛，追獲之，即並毆殺。其夕，復夢見前人來曰：「何故負信？此人罪不至死，私家不合擅殺⑧，今改亦無濟⑨理。」迨⑩明嘔血，數日而卒。（《太平廣記》卷一二〇）

①「康」，《珠林》卷九五作「陳庾」。季孫，蓋陳朝人也。

②滋味，指血肉之食。

③「是」字，據《珠林》卷九五增補。按：故是，仍是、猶是也。

④「死」，《珠林》卷九五作「盡」。按：盡，死也。

⑤差，假借作瘥，指病癒。

⑥不爾，不然。

⑦「悟」，《珠林》卷九五作「寤」。按：悟、寤通用，醒也。

⑧「殺」，《珠林》卷九五作「刑」。

⑨濟，救助也。

⑩「迨」，《珠林》卷九五作「投」。按：迨、投，義同，猶及也，至也。

按：本則見《珠林》卷九五引錄，注出《冥祥記》，《古小說鉤沈·冥祥記》未收。

52.梁武昌太守張絢①，嘗乘船行。有一部曲，役力②小不如意，絢便躬捶之。杖下⿱辟歹⿱析歹③，無復活狀，絢遂推〔置〕④江中。須臾⑤，見此人從水而出，對絢撫手⑥曰：「罪不當死，官枉見殺，今來相報。」即跳入絢口。〔絢〕⑦因得病，少日而殂。（《太平廣記》卷一二〇）

①張絢，范陽方城（今河北固安縣南）人，散騎常侍張弘策之子。武帝中大通三年（西元五三一年）頃，任中書舍人，見《梁書》卷三四〈張緬傳〉。

②役力，謂擔任勞役工作也。

③「⿱辟歹⿱析歹」，原作「臂折」，今據《珠林》卷九五校改。按：《大廣益會玉篇》卷十一歹部云：「⿱辟歹⿱析歹，欲死貌。」

④「置」字，據《珠林》卷九五增補。

⑤「須臾」，《珠林》卷九五作「須臾頃」。按：須臾，俄頃，為時不久也。

⑥撫手，拍手也。按：撫，通拊字。

⑦「絢」字，據《珠林》卷九五增補。

按：本則見《珠林》卷九五引錄，注出《冥祥記》，《古小說鉤沈·冥祥記》未收。

53.梁楊思達為西陽郡①守，值侯景亂②，時復旱歉③，饑民盜田中麥。思達遣一部曲守視，所得盜者，輒截手腕④，凡戮十餘人。部曲後生一男，自然⑤無手。
（《太平廣記》卷一二〇）

①西陽郡，在今湖北省黃岡縣附近。
②侯景之亂，自梁武帝太清二年（西元五四八年）八月起，至簡文帝大寶三年（五五三年）三月平定。
③「旱歉」，《顏氏家訓》卷五〈歸心〉、《廣弘明集》卷二六〈誡殺訓〉，並作「旱儉」。按：《廣雅·釋天》：「一穀不升日歉。」《廣韻》卷三：「儉，饑饉也。」
④「腕」，《顏氏家訓》卷五作「擥」。按：腕、擥同字。
⑤自然，天然生成也。

按：本事載《顏氏家訓·歸心篇》，《廣弘明集》卷二六題「誡殺（家）訓」；《珠林》卷九一引，注出《弘明雜傳》，當即轉引《廣弘明集》。此則是否出自《還冤記》（《冤魂志》），似宜存疑。

54.梁武帝欲爲文皇帝①陵上起寺，未有佳材，宣意有司，使加採訪。先有曲阿②人姓弘③，家甚富厚，乃共親族，多賫財貨，往湘州④治生。經年⑤營得一栰⑥，可長千步，材木壯麗，世所稀有。還至南津⑦，南津校尉孟少卿，希⑧朝廷旨，乃加縲墨⑨。弘氏所賣衣裳繒綵，猶有殘餘，誣以涉道⑩劫掠所得，幷〔劾〕⑪造作過制，非商賈所宜，結正⑫處死，沒入其財⑬充寺用。奏遂施行。弘氏臨刑之日，敕其妻子：「可以黃紙〔百張，幷具〕⑭筆墨置棺中。死而有知，必當陳訴。」又書少卿姓名數十呑之。經月，少卿端坐，便見弘來。初猶避捍⑮，後乃款服，但言：「乞恩！⑯」嘔血而死。凡諸獄官及主書舍人，預此獄事〔及〕⑰署奏者，以次殂歿。未及一年，零落皆盡。皇基寺⑱營搆始訖，天火⑲燒之，略無纖芥⑳，所埋柱木，亦入地成灰。（《太平廣記》卷一二〇）

①文皇帝蕭順之，南蘭陵（今江蘇省武進縣）人，齊高帝之族弟。歷官侍中、太子詹事、丹陽尹。卒，贈鎭北將軍。《梁書》卷二〈武帝本紀中〉：「天監元年（西元五〇二年）夏四月……追尊皇考爲文皇帝，廟曰太祖。」

②曲阿，縣名，即今江蘇省丹陽縣。

③「弘氏」下，《珠林》卷九五有「忘名」二字。

④湘州，東晉永嘉中置，含今湖南全省及廣東東北隅。

⑤「經年」，《珠林》卷九五作「遂經數年」。

⑥編竹木以渡水者，大曰栰，小曰桴。

⑦南津，在臨湘縣（今湖南省長沙市）西北。按：《水經注》卷三八有南津洲，上有南津城。《南史》卷七十〈郭祖深傳〉云：「（武帝）普通七年，改南州津爲南津校尉，以祖深爲之。」則南津校尉之設，自此始也。

⑧希，迎合也。

⑨木工取直之具曰繩墨。此喻法條。

⑩涉道，沿水路前行。

⑪「劾」字，據《珠林》卷九五增補。

⑫結正，猶最後判定。按：結，終也；正，執而治罪也。

⑬「財」，《珠林》卷九五作「官棧以」。按：「官」字疑衍。

⑭「百張幷具」四字，據《珠林》卷九五增補。

⑮避捍，迴避與捍禦也。

⑯乞恩，懇求賜恩。

⑰「及」字，據《廣記校勘記》卷一二〇、《珠林》卷九五增補。

⑱「皇基寺」，原作「其寺」，今據《珠林》卷九五校改。按：皇基寺在蘭陵（江蘇武進），梁建。《建康實錄》卷十七〈梁帝紀上〉：大同十年（五四四年）三月，（武帝）幸蘭陵。

……於皇基寺設法會，賜蘭陵老少位各一階。

⑲火由天致，如因雷電而起火之類，謂曰天火。

⑳纖介，猶言細微之物。

按：本則見《珠林》卷九五引錄，注出《冥祥記》，《古小說鉤沈·冥祥記》未收。

55.梁秣陵①令朱貞，以罪下獄。廷尉〔平〕②虞諴③考覈④其事，結正入重。貞遺相知謂諴曰：「我罪當死，不敢祈恩。但猶冀主上萬一弘宥耳⑤。明日既是國家忌日⑥，乞得過此奏聞。可乎⑦？」諴答曰：「此於理無爽⑧，何謂不然？謹聞命⑨矣。」而朱事先〔入〕⑩明日奏束⑪。諴便遇客共飲，頗醉，遂忘抽文書。旦日，家人合束，內⑫衣箱中，諴復不記。比⑬至帝前，頓束香案上，次第披之，方見此事，勢不可隱，便爾⑭上聞。武帝以爲合死⑮。付外詳決。貞聞之，大恨曰：「虞小子，欺罔將死之人。鬼若無知，固同灰土；儻〔其〕⑯有識，必報之。」貞於市始當⑰命絕，而諴已見其來。自爾之後，時時恆見。諴⑱甚惡之。又夢乘車在山下行，貞於山上推石壓之。居月餘，諴除曲阿令，拜之明日，詣謝章⑲門下⑳。其婦平常㉑，于宅暴卒。諴狼狽㉒而還，入室哭婦，舉頭見貞在梁上。諴曰：「朱秣陵在此，我婦豈得不死？」于時㉓屋無故忽崩，諴及男女婢使

十餘人，一時併命㉔。〔右丞〕㉕虞隲是其宗室㉖，助㉗喪事，見嶻還㉘，暫㉙下堂避之，僅乃得免㉚。（《太平廣記》卷一二〇）

①秣陵，古地名，約爲今南京市地。

②「平」字，據《珠林》卷九五增補。按《隋書》卷二六〈百官志上〉：「廷尉卿。梁國初建，曰大理；天監元年，復改爲廷尉。有正、監、平三人。」又云：「廷尉正、監、平，並六百石。品並第七。」

③「嶻」，原作「獻」，今據《珠林》卷九五、《勸善書》卷十六校改。以下同。按：嶻，同巘。

④「考覈」，原作「者覆」，今據《珠林》卷九五、《勸善書》卷十六校改。

⑤「耳」，原作「我」，今據《珠林》卷九五校改。

⑥「國家忌日」，《珠林》卷九五作「墓日」。

⑦「可乎」，《珠林》卷九五作「可爾以不」。按：以、與通用；不，同否字。

⑧爽，差失也。

⑨聞命，承命，接受交代之意。

⑩「入」字，據《珠林》卷九五增補。

⑪「束」，原作「來」，今據《珠林》卷九五校改。按：物一紮曰束。
⑫內，通納字。
⑬比，及也，近也。
⑭爾，句中語助詞，無意義。
⑮「以爲合死」，《珠林》卷九五作「大怒曰：朱貞合死」。按：合，應當也。
⑯「其」字，據《珠林》卷九五增補。
⑰始當，方當，剛剛之意。
⑱「戩」下，《珠》卷九五有「見來」二字。
⑲「章」，原作「張」，今據《珠林》卷九五校改。按：謝章，謝表也。
⑳「門下」，《珠林》卷作「門闗下」。
㉑平常，謂正常無病痛也。
㉒狼狽，匆遽、慌忙貌。
㉓「于時」，《珠林》卷九五作「言未訖而」。
㉔併命，一同死亡。
㉕「右丞」二字，據《珠林》卷九五增補。按：《南史》卷八十附〈王偉傳〉云：「前尚

書左丞虞隲嘗見辱於偉，遇之而唾其面。」當即其人。另詳本書第五十七則。

㉖「宗室」，《珠林》卷九五作「宗親」，今校改。

㉗「助」，《珠林》卷九五作「經始」。

㉘「還」，原作「始是」，今據《珠林》卷九五校改。

㉙「暫」，原作「走」，今據《珠林》卷九五校改。

㉚「僅乃得免」，《珠林》卷九五作「僅得免難」。

按：本則見《珠林》卷九五引錄，注出《冥祥記》。《古小說鉤沈·冥祥記》未收。

56. 北齊文宣高洋既死①，太子嗣位，年號乾明②。文宣母弟常山王演③，〔本〕④在并州⑤，權勢甚重。因文宣山事⑥，〔隨梓宮出鄴⑦，以地望見疑，仍〕⑧留爲錄尚書事⑨。王遂〔忿〕⑩怒，潛生異計。上省之日，內外官僚⑪，皆來奔集。即收縛乾明腹心⑫，尙書令楊遵彥⑬等五人，皆爲事狀，奏斬之⑭。尋廢乾明而自立⑮，是爲孝昭帝。後在并州，望氣者奏鄴中有天子氣。平秦王高歸彥⑯，勸殺乾明，遂錄⑰向并州，盡之⑱。其年，孝昭數見文宣作諸妖怪，就其索兒。備爲厭禳，終不能遣而死。⑲（《太平廣記》卷一二〇）

①《北齊書》卷四〈文宣帝紀〉：天保十年（西元五五九年）冬十月甲午，帝暴崩於晉陽宮

德陽堂，時年三十一。

②高殷，字正道，文宣帝之長子。《北齊書》卷五〈廢帝紀〉：天保十年十月癸卯，太子即帝位於晉陽宣德殿。

③高演，字延安，神武皇帝歡第六子。魏孝靜帝元象元年（五三八年）封常山郡公。天保元年（五五〇年）六月，進爵爲王。

④「本」字，據《珠林》卷一一增補。

⑤《隋書》卷三十〈地理志中〉：「太原郡，後齊（按：即北齊）并州，置省，立別宮。」其治在晉陽。

⑥「山事」，原作「山陵」，今據《珠林》卷一一校改。按：山事，指有關陵冢之事務。

⑦北齊建都於鄴，故城在今河南省臨漳縣西。

⑧「隨梓宮出鄴，以地望見疑，仍」十二字，據《珠林》卷一一〇增補。按：地望者，地位與名望也。

⑨《北齊書》卷五〈廢帝紀〉：乾明元年（五六〇年）二月己亥，以太傅、常山王演爲太師、錄尚書事。

⑩「忿」字，據《珠林》卷一一〇增補。

⑪「官僚」，《珠林》卷一一〇作「百僚」。

⑫腹心，喻極親密之人。

⑬楊愔，字遵彥，弘農華陰（在陝西省潼關縣西）人。天保初，尙太原長公主；九年（五五八年）徙尙書令。乾明元年二月，遇害，時年五十。《北齊書》卷三四有傳。

⑭《北齊書》卷五〈廢帝紀〉：乾明元年二月乙巳，太師、常山王演矯詔誅尙書令楊愔、尙書右僕射燕子獻、領軍大將軍可朱渾天和、侍中宋欽道、散騎常侍鄭子默。

⑮《北齊書》卷六〈孝昭帝紀〉：皇建元年（五六〇年）八月壬午，皇帝即位於晉陽宣德殿，大赦。

⑯高歸彥，字仁英，高歡之族弟。文宣帝天保元年，封平秦王。《北齊書》卷十四有傳。

⑰「錄」，《珠林》卷一一〇作「鎖」。

⑱「盡之」，原作「盡殺之」，今據《珠林》卷一一〇校改。按：盡，猶殺也。《北齊書》卷五〈廢帝紀〉：皇建二年（五六一年）秋，天文告變，歸彥慮有後害，仍白孝昭，以（濟南）王當咎。乃遣歸彥馳驛（徵）至晉陽宮，殺之。

⑲《北齊書》卷六〈孝昭帝紀〉：皇建二年十一月，崩於晉陽宮，時年二十七。

按：本則見《珠林》卷一一〇引錄，注出《冥祥記》，《古小說鉤沈·冥祥記》未收。

57.陳霸先初立梁元帝第九子晉王①爲主，而輔戴之。會稽虞騭②本梁武世爲中書舍人、尚書右丞。于時夢見梁武帝謂騭曰：「卿是我舊左右。可語陳公，〔莫殺我孫〕③，篡殺于公不利④。」事甚分明。騭既未見篡殺形⑤，不敢言之。數日，復夢如此，並語騭曰：「卿若不傳〔我〕意⑥，卿亦不佳！」騭雖嗟惋，決無言理。少時之間，太史啓云：「殿〔內當〕⑦有急兵。」霸先曰：「急兵正是我耳。」倉卒遣亂兵害少主而自立⑧。爾後騭便得病，又夢梁武曰：「卿不〔能〕⑨爲我語〔陳主〕⑩，致令禍及。卿與陳主，尋當知也。」騭方封啓報夢之由⑪。陳主爲人，甚信鬼物。聞此大驚，遣輿迎騭，面相詢⑫訪，乃尤騭曰：「卿那不道，奇事，〔奇事〕⑬！」六七日騭死。尋有韋載之事⑭。（《太平廣記》卷一二〇）

①蕭方智，字慧相，元帝第九小。梁武帝太清三年（西元五四九年）封興梁侯。元帝承聖元年（五五二年）封晉安王。四年九月甲辰，司空陳霸先襲殺王僧辯。丙午，晉安王即帝位。見《梁書》卷六〈敬帝本紀〉。

②「騭」，原作「涉」，《珠林》卷九五作「陟」。今據《珠林》卷九五引《冥祥記》及《廣記》卷一二〇引《還冤記》「朱貞」（即本書第五十五則）、《南史》卷八十附〈王偉傳〉校改。以下同。

③「莫殺我殺」四字，據《珠林》卷九五增補。
④「篡殺于公不利」，《珠林》卷九五作「若殺於公不好」。
⑤「形」，《珠林》卷九五作「兆形」。
⑥「我」字，據《珠林》卷九五增補。
⑦「內當」二字，據《珠林》卷九五增補。
⑧按《陳書》卷二〈高祖本紀下〉：「永定元年（五五七年）冬十月乙亥，高祖即皇帝位于南郊。……詔：以江陰郡奉梁主爲江陰王，行梁王朔。……二年夏四月乙丑，江陰王薨。」然則陳霸先即帝位後，乃殺害少主，與此處所載不同也。
⑨「能」字，據《珠林》卷九五增補。
⑩「陳王」二字，據《珠林》卷九五增補。
⑪「封啓報夢之由」，《珠林》卷九五作「封啓敘之」。按：封啓，猶封奏，謂密封上書也。
⑫「詢」，《珠林》卷九五作「訊」。
⑬「奇事」二字，據《珠林》卷九五增補。
⑭「載」，原作「戴」，今據《珠林》卷九五校改。按：韋載之事，詳本書第五八則。
按：本則見《珠林》卷九五引錄，注出《冥祥記》，《古小說鉤沈·冥詳記》未收。

58. 陳武帝霸先既害梁大司馬王僧辯①，次討諸將。義興太守韋載②，黃門郎政③之第四子也，爲王公固守，陳主頻遣攻圍，不克。後重④征之。誘說載曰：「王公親黨，皆已殄滅，此一孤城，何所希冀？過爾⑤相拒耶？若能見降，不失富貴。」載曰：「士感知己，本爲王公，〔所以〕⑥抗禦大軍，致成讎敵。今亦承明公⑦盡定江左，窮城自守，必無路活。但鋒刃屢交，殺傷過甚，軍人忿怨⑧，恐不見全。老母在堂，彌懼禍及，所以苟延日月，未能束手耳。必有誓約，不敢久勞神武⑨。」乃遣刑⑩白馬盟，載遂開門，陳主亦〔示〕⑪寬信，還揚都。後陳主即位，遣載從征，以小遲晚，因宿憾斬之。尋於大殿視事⑫，便見載來。驚走入內，移坐光嚴殿，載又逐入。顧訪左右，皆無所見，因此得病死。⑬（《太平廣記》卷一二〇）

①「大司馬」，原作「大司空」，今據《珠林》卷一一〇校改。按：梁元帝承聖四年（西元五五五年）九月甲辰，擒王僧辯，是夜縊殺之。事見《梁書》卷六〈敬帝本紀〉、《陳書》卷一〈高祖本紀上〉。

②「載」，原作「戴」，今據《珠林》卷一一〇校改。以下同。按：韋載，字德基，京兆杜陵（今陝西省長安縣東）人。侯景之亂，隨都督王僧辯征討，屢立戰功。侯景平，歷任

琅邪太守、義興太守。《陳書》卷十八有傳，《南史》則附見於卷十八〈韋叡傳〉。

③「政」，原作「放」，今據《陳書》卷十八〈韋載傳〉校改。按：「政」，《梁書》卷十二、《南史》卷五八〈韋叡傳〉，並作「正」。《梁書》卷十二云：「正，字敬直。起家南康王行參軍，稍遷中書侍郎，出爲襄陽太守。……歷官至給事黃門侍郎。」

④重，再也。

⑤爾，猶而也。

⑥「所以」二字，據《珠林》卷一一〇增。

⑦承，知悉也。明公，對有名位者之尊稱。

⑧「忿怨」，《珠林》卷一一〇作「忿怒」。

⑨神武，聰明威武也。

⑩刑，宰殺。

⑪「示」字，據《珠林》卷一一〇增補。

⑫視事，猶言治事也。

⑬《陳書》卷二〈高祖本紀下〉：永定三年（五五九年）六月丙午，崩於璿璣殿，時年五十七。

按：本則見《珠林》卷一一〇引錄，注出《冥祥記》，《古小說鉤沈·冥祥記》未收。

59.後周宣帝在東宮時①，武帝訓督甚嚴，恆使宦者成慎監察之。若有纖毫罪失，〔匿〕②而不奏，慎當死。於是慎常陳太子不法之事，武帝杖之百餘。及即位，顧見髀上杖瘢，乃問成③慎所在。慎于時已出爲郡④，遂敕追之，至便賜死。慎奮厲⑤曰：「此是汝父所⑥爲，成慎何罪？悖逆之餘，濫以見及。鬼⑦若有知，終不相放。」於時宮掖禁忌，相逢以目，不得輒⑧共言笑。分置監官，記錄愆罪。左皇后⑨下有女子，欠伸⑩淚出，因被劾⑪，謂有所思〔憶〕⑫。便⑬敕〔對前〕⑭拷訊之。初擊其頭，帝便頭痛；更擊之，亦然⑮。遂大發怒曰：「此寃家耳⑯！」乃使拉折其腰，帝復腰痛。其夜出南宮，病漸重。明旦還⑰，腰痛不得乘馬，御車而歸。所殺女子之處，有黑暈如人形，時謂是血，隨〔掃〕⑱刷之，旋復如故。如此再三。有司掘除舊地，以新土塡之，一宿之間如故⑲。因此七八日，舉身瘡爛而崩⑳。及初下屍，諸蹋腳床㉑，牢不可脫。唯此女子所卧之床，獨是直腳，遂以供用，蓋亦鬼神之意焉。帝崩去成慎死，僅二十許日焉。（《太平廣記》卷一二九）

①宣帝宇文贇，字乾伯，武帝長子。武成元年（西元五五九年）出生，建德元年（五七二

年）四月，立爲皇太字。

②「匿」字，據《珠林》卷五九增補。

③「乃問成」，原作「問及」，今據《珠林》卷五九校改。

④爲，治也。擔任一郡之太守曰爲郡。

⑤奮厲，奮力而猛烈也。

⑥「所」字，據《珠林》卷五九增補。

⑦「鬼」，《珠林》卷五九作「死」。

⑧「輒」，原作「轉」，今據《珠林》卷五九校改。

⑨宣帝陳皇后名月儀，自云潁川人。大象元年（五七九年）六月，以選入宮，拜爲德妃。月餘，立爲天左皇后。二年二月，改天左大皇后。見《周書》卷九〈皇后列傳〉。

⑩欠伸，即欠伸腰也。

⑪「劾」，《珠林》卷五九作「奏劾」。

⑫「憶」字，據《珠林》卷五九增補。

⑬「便」，原作「奏使」，今據《珠林》卷五九校改。

⑭「對前」二字，據《珠林》卷五九增補。

⑮「初擊其頭……，亦然」一句，《珠林》卷五九作「初打頭一下，帝便頭痛；次打項一下，帝又項痛」。

⑯「此冤家耳」，《珠林》卷五九作「此是我怨家」。

⑰「明旦還」，《廣記校勘記》卷一二九作「明日早還」，《珠林》卷五九作「明旦早還」。

⑱「掃」字，據《珠林》卷五九增補。

⑲「如故」，《珠林》卷五九作「亦還如本」。

⑳《周書》卷七〈宣帝記〉：大象二年（五八〇年）五月己酉，帝崩於天德殿，時年二十二。

㉑「諸跼腳床」，《珠林》卷五九作「諸床並曲」。按：跼，曲也。

按：本則見《珠林》卷五九引錄，注出《冥祥記》，《古小說鉤沈·冥祥記》未收。

60.梁人郭祖深①，上梁武帝一十八條事②，請廢墎內小寺及無案業僧尼③。梁武不納。後夢見善神④唾之，遂著⑤白癩，雖悔不差⑥。（《辯正論》卷七注）

①郭祖深，襄陽人。梁武帝初起，以客從。後仕爲南梁郡丞，徙後軍行參軍。武帝溺情內教，朝政縱弛，祖深輿櫬詣闕上封事，共二十九條。見《南史》卷七十〈循吏傳〉。

②梁武帝大弘釋典，將以易俗，故祖深所上封事，條陳其弊害者尤切，略見《南史》卷七

十本傳。唯此處言上一十八條事，與本傳不符。

③「案業」，《大藏經》本《辯正論》校勘記云：宋本、元本、明本作「籍業」。按《南史》卷七十載郭氏條事云：「都下佛寺五百餘所，窮極宏麗。僧尼十餘萬，資產豐沃。所在郡縣，不可勝言。道人又有白徒，尼則皆畜養女，皆不貫人籍，天下戶口幾亡其半。……請精加檢括，若無道行，四十已下，皆使還俗附農。」然則無案業僧尼，蓋指不貫民籍之白徒養女之屬。

④善神，佛家語，謂護持正法之神也。

⑤「著」，《廣記》卷一一六引《辯正論》作「病」。按：著，沾，附感染之意。

⑥差，與瘥同，病癒也。

△61.濟琅琊王奐①，仕齊至尚書左僕射。甚信釋典②，而妒忌之深，便忘弘恕③。嘗在齋內使愛妾治髭④，忽有烏銜黃梅過庭而墜。奐猜⑤妾有密期，擲果爲戲，使奴出外覘。遇見一士，向欑⑥私遊，奴即往摽⑦捉。此人言瞋汙媟⑧，便邇⑨迸走⑩。奴還白之。奐謂彌用有實，苦加覈問，妾備自陳，終不見察。即遣下階笞殺之。妾解衣誓曰：「今日之死，實爲枉横。若有人天道⑪，當令官知。」爾後數見妾來訴怨。俄而出爲雍州刺史⑫，性漸狂異，如有憑⑬焉。

無故打殺小府長史劉典祖，誣其欲反，爲御史中丞孔稚珪所奏⑭。世祖遣中書舍人呂文顯、直閤將軍曹道剛領齋仗⑮兵收奐。奐子彪，素稱凶剽，及女婿殷叡⑯遂勸奐曰：「曹、呂今來，不見眞敕，恐爲奸變。政宜錄取⑰，馳以奏聞。」奐納之，便配千餘人仗，閉門拒守。彪遂輒⑱與官軍戰，彪敗而走。寧蠻長史⑲裴叔業於城內舉兵攻奐，斬之。時人以爲妄之報也⑳。（《法苑珠林》卷九二）

①王奐，字彥深，琅琊臨沂人，起家著作佐郎。齊武帝永明中，累遷尚書右僕射。五年（西元四八七年）轉左僕射，加給事中。《南齊書》卷四九有傳，又附見《南史》卷二三〈王彧傳〉。

②王奐與僧人交遊事，見《高僧傳》卷十〈法匱傳〉、卷十一〈志道傳〉、〈法穎傳〉。《南齊書》本傳，齊武帝曾有「奐於釋氏，實自專至。其在鎭或以此妨務」的評語。

③「忘弘恕」，原作「妄怒」，今據百卷本《珠林》卷七五校改。《勸善書》卷十九作「忘仁恕」。

④口上毛曰髭。

⑤猜，猶疑也。百卷本《珠林》卷七五作「謂」。

⑥㰁，與籬同。

⑦「㩞」，百卷本《珠林》作「捦」、《勸善書》作「擒」。按：捦古字，㩞、擒今字，急持也。

⑧汙媟，汙穢而輕慢。

⑨「邇」，《勸善書》卷十九作「爾」。按：邇、爾通用，句中語助也。

⑩迸走，奔走。

⑪「人天道」，《勸善書》卷十九作「天道」。

⑫《南齊書》卷三〈武帝本紀〉：永明九年（四九一年）六月，以尚書左射王奐爲雍州刺史。

⑬憑，依託也。

⑭殺寧蠻長史事，載《南齊書》本傳，時爲永明十一年也。

⑮「齋仗」，原作「齊伏」，今據《南齊書》卷四九校改。齋仗，謂天子齋內之精仗手也。

⑯殷叡，字文子，陳郡（今河南省淮陽縣）人。解文義，有口才。奐爲雍州，啓用叡爲府長史。生平附見《齊書》卷四九〈王奐傳〉、《南史》卷六十〈殷鈞傳〉。

⑰錄取，謂拘拿收押也。

⑱「輒」，原作「取」，今據百卷本《珠林》卷七五校改。

⑲齊於雍州置寧蠻府，府治設於襄陽。

⑳「時人以爲妾之報也」一句，《勸善書》卷十九作「先數日，奐夢妾來告曰：『妾已得請。君不出旬日來矣。』至是果驗。」

㉑本則《珠林》引錄，注出《冥祥記》。

按：此事，《古小說鉤沈》本《冥祥記》未收，蓋因其内容以記報應爲主，與《冥祥記》專載誦經禮佛、建塔造寺獲得顯效的宗旨不符故也。今録置《冤魂志》之末，供學者參考。

△62.杜嶷①，梁州刺史懷寶②第二子③也，任西荆州刺史，性甚豪忌④。新納一妾，年貌兼美，寵愛殊深。妾得其父書云：比日困苦，欲有求告。妾倚簾讀之。嶷外還，而妾自以新來，羞以上事聞嶷，因嚼呑之。嶷謂是情人所寄，遂令剖腹取書。妾氣未斷，而書已出。嶷看訖，歎曰：「吾不自意⑤，忽忽⑥如此，傷天下和氣，其能久乎？」其夜見妾訴⑦，嶷旬日而死。襄陽人至今以爲口實。

（**《法苑珠林》卷九五**）⑧

①「嶷」，原作「嵷」，今據百卷本《珠林》卷七八校改，以下同。《廣記》卷一二九引《廣古今五行記》，亦作「嶷」。按：杜嶷，京兆杜陵人。生平附見《南史》卷六四《杜崱

傳〉。

②「寶」，原作「瑶」，今據《梁書》卷四六、《南史》卷六四〈杜崱傳〉校改。按：寶，古作珤，因訛爲瑶也。《梁書》卷四六云：懷寶少有志節，常邀際會。高祖義師東下，隨南平王偉留鎮襄陽。天監中，稍立功績，官至驍猛將軍、梁州刺史。大同五年（西元五三九年），卒於鎮。

③「第二子」，《南史》卷六四作「第三子」。

④豪忌，謂英猛而忌刻也。

⑤不自意，猶言不料、未料。

⑥「怱怱」，百卷本《珠林》卷七八校勘記謂元刻作「忽忽」。《廣記》卷一二九引《廣古今五行記》，亦作「忽忽」。按：怱怱、忽忽，並急遽之意也。

⑦「訴」，《廣記》卷一二九引《廣古今五行記》作「訴冤」。

⑧本則《珠林》引錄，注出《冥祥記》。

按：《珠林》卷九五引《冥祥記》十二則，所載並梁、陳之事，因而《古小說鉤沈·冥祥記》未加採錄。今考得其中八則，並是《冤魂志》（《還冤記》）文字，疑其他四則亦然，故附於卷末，以供參考。再者，《南史》卷六四云：「嶷位西荆州刺史，時讖言：『獨梁之下有瞎子』，元帝以嶷其人也（案：梁武帝大同初，嶷與魏軍前鋒戰，流矢中其目，遂成獨眼）。會嶷改葬父祖，帝敕圖墓者惡爲之，逾年而嶷卒。」據此，則杜嶷卒於梁元帝即位前後也。

△63.周文帝宇文泰，初爲魏丞相①，值梁朝喪亂②。梁孝元帝爲湘東王，時在荆州③，時遣使通和，禮好甚至，與泰斷金立盟，結爲兄弟。後平侯景，孝元即位④，泰猶人臣，不加崇敬，頗行陵侮。又求索無厭，或不愜意，遂遣兵襲江陵，虜傒⑤朝士，至于民庶，百四十萬口，而害孝元焉⑥。又魏文帝⑦先納茹茹⑧主郁久閭阿那瓌⑨女爲后⑩，和親殊篤。害梁王⑪之明年，瓌爲齊國所敗，破國，率餘衆數千奔魏⑫。而突厥舊與茹茹怨讎，即遣餉泰馬三千疋，求誅瓌等。泰遂許諾。伏突厥兵，與瓌謳會⑬，醉便縛之。即日滅郁久閭一姓五百餘人，流血至踝⑭。茹茹臨死，多或仰天而訴。明年冬，泰獵於隴石，得病，見孝元及瓌爲祟。泰發怒肆罵，命索酒⑮與之，兩月日死。⑯（**《法苑珠林》卷九五**）⑰

①《周書》卷一〈文帝紀上〉：魏孝武帝永熙三年（西元五三四年）八月，太祖還長安，進位丞相。

②梁朝喪亂者，指梁武帝太清二年（五四八年）八月侯景舉兵造反。翌年，三月侯景政陷建康，五月武帝崩。立簡文帝蕭綱，尋又弑之諸事。

③《梁書》卷五〈元帝本紀〉：武帝太清元年（五四七年），徙爲使持節、都督荆雍湘司郢寧梁南北秦九州諸軍事、鎮西將軍、荆州刺史。

④《梁書》卷五〈元帝本紀〉：承聖元年（五五二年）冬十一月丙子，世祖即皇帝位於江陵。

⑤「虜傒」，百卷本《珠林》卷七八作「俘虜」。按：傒，同繫字。

⑥《梁書》卷五〈元帝本紀〉：承聖三年（五五四年）十一月辛亥，城陷于西魏，世祖見執。十二月辛未，西魏害世祖，遂崩焉，時年四十七。

⑦西魏文帝元寶炬，孝文帝宏之孫，大統元年（五三五年）春正月即位。

⑧茹茹，即蠕蠕，北方蠻族名。《魏書》卷一〇三：蠕蠕，東胡之苗裔也，姓郁久閭氏。

⑨阿那瓌，他汗可汗伏圖之子，魏孝明帝正光元年（五二〇年）立。

⑩《北史》卷九八〈蠕蠕傳〉：東、西魏競結阿那瓌爲好。西魏文帝自納阿那瓌女爲后，加以金帛誘之。

⑪「王」，百卷本《珠林》卷七八作「主」；《廣記》卷一二六引，亦作「主」。

⑫按《北史》卷九八〈蠕蠕傳〉云：「天保三年（五五二年），阿那瓌爲突厥所破，自殺。其太子菴羅辰及瓌從弟登注俟利、登注子庫提，並擁衆奔齊。其餘衆立登注次子鐵伐爲主。四年，齊文宣送登注及子庫提還北。……是歲，復爲突厥所攻，舉國奔齊。文宣乃北討突厥，立阿那瓌子菴羅辰爲主，致之馬邑川。……是時，蠕蠕既累爲突厥所破，以西魏恭帝二年（五五五年），遂率部千餘家奔關中。」然則率餘衆奔魏者，阿那瓌之子菴羅辰也。

⑬「謳會」，《廣記》卷一二六引作「醮會」。按：謳會，謳歌醮會也。

⑭《北史》卷九八〈蠕蠕傳〉：突厥既恃兵強，又藉西魏和好，恐其遺類依憑大國，使驛相繼，請盡殺以甘心。周文議許之，遂收縛蠕蠕主已下三千餘人付突厥使，於青門外斬之。

⑮「酒」，《廣記》卷一二六引作「酒食」。

⑯《周書》卷二〈文帝紀下〉：魏恭帝三年（五五六年）九月，太祖有疾，還至雲陽。冬十月乙亥，崩於雲陽宮，還長安發喪。時五十二。

⑰本則《珠林》引錄，注出《冥祥記》。

△64.梁裴植①隨其季叔叔業②自南兗州③入北，仕於元氏，位至尚書④。植同堂妹

夫韋伯昕⑤有學業，恃壯氣⑥，自以⑦才智，常輕陵植，植憎之如讎。後於洛下，誣告植謀爲廢立，植坐此死⑧。百許日，伯昕病，向空而語曰：「裴尚書死，不獨見由，何以〔見〕⑨怒也？」須臾而卒。（《法苑珠林》卷九五）⑩

①裴植，字文遠，河東聞喜（今山西省聞喜縣）人。少而好學，覽綜經史，尤長釋典，善談理義。仕蕭寶卷，以軍勳至長水校尉，隨叔業在壽春。生平附見《魏書》卷十一、《北史》卷四五〈裴叔業傳〉。

②裴叔業有幹氣，以將略自許，曆仕宋、齊，東昏侯永元二年（西元五〇〇年），於南兗州刺史任上，奉表歸附北魏。《魏書》卷七一、《北史》卷四五有傳。

③東晉孝武帝太元中，僑置南兗州於廣陵，即今江蘇省江都縣，南朝宋、齊因之。

④《北史》卷四五：植隨叔業在壽春。叔業卒，度法友、柳玄達等共舉植監州。於是開門納魏軍。詔以植爲兗州刺史、崇義縣侯，入爲大鴻臚卿。後除授揚州大中正，出爲州刺史，再遷度支尚書，加金紫光祿大夫。

⑤「昕」，原作「鼎」，今據《魏書》卷七一、《北史》卷四五校改，後同。按：韋伯昕，京兆杜陵人，裴彥先之妹婿。北魏宣武帝景明初，封雲陵縣開國男，拜南陽太守。數歲，坐事免。久之拜員外散騎常侍，加中壘將軍。生平附見《魏書》卷七一、《北史》

卷四五〈裴叔業傳〉。

⑥「恃壯氣」，原作「恃壯業氣」，今據《魏書》卷七一、《北史》卷四五校改。

⑦「自以」，原作「以自」，今據百卷本《珠林》卷七八校改。《魏書》卷七一、《北史》卷四五，亦並作「自以」。

⑧《魏書》卷七一：（魏宣武帝）延昌末，（伯昕）告尙書裴植謀爲廢黜，植坐死。按：所謂謀廢立者，蓋指廢宣武帝，欲立高陽王雍也。事詳《魏書》卷三一〈于栗磾傳〉于忠傳記部分。

⑨「見」字，據《魏書》卷七一、《北史》卷四五增補。

⑩本則《珠林》引錄，注出《冥祥記》。

按：本則所載，與《魏書》卷七一記韋伯昕事蹟，內容頗爲近似，疑顏氏即錄自魏收之書。

△65.万紐于忠①者，北代②人，仕魏，世爲侍中、領軍③。〔以立〕④明帝勳，專權在內⑤。尙書僕射郭祚⑥、尙書裴植，乃共勸高陽王雍⑦出忠。忠聞之，逼有司奏其罪，矯詔立殺之。朝野憤怨⑧，莫不切齒。二年，忠得病，見裴、郭爲祟，尋死。⑨（《法苑珠林》卷九五）⑩

①「万紐于忠」，原作「萬納于中」，今據百卷本《珠林》卷七八改「納」爲「紐」；又據

《魏書》卷三一、《北史》卷二三〈于栗磾傳〉所附「于忠傳」校改「中」字爲「忠」，以下同。按《寶刻叢編》卷二十〈太尉于烈碑〉云：「陰山之北，有山號万紐于者，奕葉居之，遂以爲民。」忠，字思賢，即烈之子也。

②代郡，包含今山西省東北部及河北省蔚縣附近地區。蓋万紐于忠祖先早已自陰山東遷至代也。

③于忠祖父洛拔，官至侍中、尙書令。父烈，官車騎大將軍、領軍、贈侍中。忠，魏宣武帝正始二年（西元五〇五年）秋以太府卿使持節、兼侍中，延昌中任侍中、領軍將軍。

④「以立」二字，據文義增補。

⑤《魏書》卷三一：「及世宗崩，（忠）夜中與侍中崔光遣右衛將軍侯剛迎肅宗於東宮而即位。……忠旣居門下，又總禁衛，遂秉朝政，權傾一時。」按：宣武皇帝，廟號世宗。孝明皇帝，廟號肅宗。

⑥郭祚，字季祐，太原晉陽（今山西省太原縣）人。涉經歷史，以尺牘文章見稱於世。宣武帝末爲尙書右僕射。加散騎常侍，遷左僕射。《魏書》卷六四、《北史》卷四三有傳。

⑦「高陽王雍」，原作「高陵陽王雍」，今據《魏書》卷二一上〈高陽王傳〉、《北史》卷十九〈獻文六王傳〉校改。按：元雍，字思穆，獻文帝韓貴人所生。孝文帝太和九年（四

八五年）封潁川王，十八年徙封高陽。

⑧「怨」，原作「怒」，今據百卷本《珠林》校改。《魏書》卷三一，亦作「怨」。

⑨《魏書》卷三一：（孝明帝）神龜元年（五一八年）三月，復（忠）儀同三司，疾病未

拜，見裴、郭爲祟。薨，年五十七。

⑩《珠林》引錄本則，注出《冥祥記》。

參考引用書目

周易注疏　魏王弼、晉韓康伯注、唐孔穎達疏　藝文印書館影印清嘉慶刻本
尚書注疏　漢孔安國傳、唐孔穎達疏　藝文印書館影印清嘉慶刻本
毛詩注疏　漢毛亨傳、鄭玄箋、唐孔穎達疏　藝文印書館影印清嘉慶刻本
左傳注疏　晉杜預注、唐孔穎達疏　藝文印書館影印清嘉慶刻本
周禮注疏　漢鄭玄注、唐孔穎達疏　藝文印書館影印清嘉慶刻本
禮記注疏　漢鄭玄注、唐孔穎達疏　藝文印書館影印清嘉慶刻本
爾雅　晉郭璞注　商務印書館四部叢刊初編本
說文通訓定聲　清朱駿聲撰　藝文印書館影印清嘉慶刻本
大廣益會玉篇　宋陳彭年等重修　商務印書館四部叢刊初編本
龍龕手鏡　遼釋行均撰　北京中華書局影印高麗本
魏晉南北朝小說詞語匯釋　江藍生撰　北京語文出版社排印本
佛典與中古漢語詞彙研究　朱慶之撰　文津出版社排印本

史記　漢司馬遷撰、宋裴駰等注　鼎文書局影印本
漢書　漢班固撰、唐顏師古注　鼎文書局影印本
後漢書　（劉）宋范曄撰、唐李賢等注　鼎文書局影印本
三國志　晉陳壽撰、（劉）宋裴松之注　鼎文書局影印本
晉書　唐太宗敕撰　鼎文書局影印本
宋書　梁沈約撰　鼎文書局影印本
南齊書　梁蕭子顯撰　鼎文書局影印本
梁書　唐姚思廉撰　鼎文書局影印本
陳書　唐姚思廉撰　鼎文書局影印本
南史　唐李延壽撰　鼎文書局影印本
魏書　北齊魏收撰　鼎文書局影印本
北齊書　唐李百藥撰　鼎文書局影印本
周書　唐令狐德棻等撰　鼎文書局影印本

北史　唐李延壽撰　鼎文書局影印本
隋書　唐魏徵等撰　鼎文書局影印本
吳越春秋　漢趙曄撰　商務印書館四部叢刊初編本
越絕書　漢袁康撰　商務印書館四部叢刊初編本
華陽國志　晉常璩撰　商務印書館四部叢刊初編本
水經注校　後魏酈道元注、民國王國維校　新文豐出版公司影印本
洛陽伽藍記校箋　楊勇撰　正文書局排印本
高僧傳　梁釋慧皎撰　新文豐出版公司影印《大正藏》本
建康實錄　唐許嵩撰　上海古籍出版社排印本
太平寰宇記　宋樂史撰　文海出版社影印趙氏藏書本
輿地紀勝　宋王象之撰　文海出版社影印粵雅堂本
六朝事跡類編　宋張敦頤撰　世界書局影印十萬卷樓叢書本
隋書經籍志　唐長孫無忌等撰　世界書局影印本
隋書經籍志考證　清姚振宗撰　開明書店二十五史補編本
舊唐書經籍志　後晉劉昫等撰　世界書局影印本

新唐書藝文志　宋歐陽脩撰　世界書局影印本
崇文總目　宋王堯臣等撰　廣文書局影印粤雅堂本
通志　宋鄭樵撰　商務印書館影印本
遂初堂書目　宋尤袤撰　廣文書局影印說郛本
直齋書錄解題　宋陳振孫撰　廣文書局影印武英殿聚珍本
宋史藝文志　元脫脫等撰　世界書局影印本
文獻通考經籍考　元馬端臨撰　新文豐出版公司影印本
明代書目題跋叢刊　馮惠民、李萬健等編　書目文獻出版社影印本
四庫全書總目　清紀昀等撰　藝文印書館影印本
四庫提要辨正　余嘉錫撰　藝文印書館影印本
敦煌古籍叙錄　王重民撰　中文出版社影印本
管子　周管仲撰、唐房玄齡注　商務印書館四部叢刊初編本
墨子　周墨翟撰　商務印書館四部叢刊初編本

韓非子　周韓非撰　商務印書館四部叢刊初編本
淮南子　漢劉安撰、許愼注　商務印書館四部叢刊初編本
新語　漢陸賈撰　商務印書館四部叢刊初編本
論衡　漢王充撰　商務印書館四部叢刊初編本
風俗通義校箋　漢應劭撰、民國王利器校箋　明文書局影印本
顏氏家訓集解　北齊顏之推撰、民國王利器校箋　明文書局影印本
諸子評議　清俞樾撰　世界書局排印本
敦煌留眞譜新編　日本神田喜一郎編　臺灣大學影印本
北堂書鈔　唐虞世南撰　宏業書局影印富文齋刻本
白氏六帖事類集　唐白居易撰　新興書局影印宋刻本
太平御覽　宋李昉等撰　商務印書館影印本
太平廣記　宋李昉等撰　文史哲出版社影印本
太平廣記校勘記　嚴一萍校錄　藝文印書館排印本
太平廣記引書考　盧錦堂撰　撰者自印本
事文類聚　宋祝穆、元富大用、祝淵撰　中文出版社影印明萬曆刻本

永樂大典　明解縉等奉敕撰　世界書局影印本
搜神記（校注）　晉干寶撰、汪紹楹校注　洪氏出版社影印本
異苑　劉宋劉敬叔撰　藝文印書館影印學津討源本
世說新語　劉宋劉義慶撰、梁劉孝標注　藝文印書館影印宋刻本
古小說鉤沈　周豫才輯　盤庚出版社影印本
魏晉南北朝志怪小說研究　王國良撰　文史哲出版社排印本
唐前志怪小說史　李劍國撰　天津南開大學出版社排印本
酉陽雜俎　唐段成式撰　源流出版社影印本
法苑珠林　唐釋道世撰　商務印書館四部叢刊初編本、新文豐出版公司影印《大正藏》本
廣弘明集　唐釋道宣撰　商務印書館四部叢刊初編本
大明仁孝皇后勸善書　明仁孝皇后撰　中央圖書館藏明永樂內府刊本
中國善惡報應習俗　劉道超撰　文津出版社排印本
昭明文選　唐李善注　藝文印書館影印清胡刻本

全上古三代秦漢三國六朝文　清嚴可均輯　宏業書局影印本
先秦漢魏南北朝詩　逯欽立輯　木鐸出版社影印本
全唐詩　清康熙敕撰　明倫出版社影印本